不動産の法則

誰も言わなかった
買い方、売り方の極意

Yukio Sakurai
櫻井幸雄

ダイヤモンド社

はじめに

私が初めてマンションの取材をしたのが、１９７９年。その後、マンション、一戸建てという住宅の取材だけに絞り込んで仕事をしだしたのが１９８４年なので、住宅との関わり合いはすでに30年を超えたことになる。その間、毎年２００物件以上を取材しているので、蓄積された情報の量はそれなりに多い。

また、30年を超える期間、不動産市況の変化も見続けてきた。高くなる時期、安くなる時期、高くても売れる物件、安くても売れない物件……。ちなみに、私が最初に取材したのは六本木のワンルームマンションで、１９７９年に１戸６００万円程度で売り出された。それが、バブルの最盛期１９９１年頃には1億円まで値上がりした。２０１５年の現在は３０００万円程度だろう。そのような変化をいちいち現場を訪ね、肌で感じてきた。

経験を積むと、いろいろなことが分かってきた。「これは繰り返しているな」「そうなれば、次に起きる動きはこうだ」。それで、「こんなときは、こうすればいい」というようなことが分かるようになった。また、不動産業界に昔から伝わる金言の数々を知り、実際、その通りだと検証することもできた。ベテランサラリーマンや熟練工が後進に的確なアドバイスができるように、私もいくつかのアドバイスを出せるようになったのである。

アドバイスに自信が持てるのは、「不動産には法則がある」と悟ったからに他ならない。本書『不動産の法則』は、30年をかけて得た不動産の真理を集大成したものである。私が得た法則のなかで、特にマンションや一戸建て住宅の売買および賃貸に役立つ法則をまとめた。今回は、注文住宅やリフォームに関する法則は入っていない。また、ビル経営や商業施設運営に関連する法則も入っていない。

一口に不動産といっても、その分野は非常に広い。私が集めた法則は、その一部であることを最初にお断りしておきたい。

2015年3月

櫻井幸雄

はじめに

第1章 売り時と買い時の法則——不動産の動きが分かる四局面理論

第2章 不動産マーケットの法則
——売買における「心理戦」を読む

◆狙い目物件の法則

◆不動産投資の法則

第3章 不動産の新常識
――トレンドは刻々と変化し続ける

◆暮らしやすさの新常識

◆資産価値の新常識

第4章 他人の失敗に学ぶ——大きな買い物で後悔しないために

◆売却時の失敗談

◆賃貸での失敗談

イラスト　村松仁美

第1章

売り時と買い時の法則

——不動産の動きが分かる四局面理論

不動産市場の動きには、一定の法則性がある。
まずはマーケット全体の大きな動きから見ていこう。
本当の「売り時」や「買い時」はいつ訪れるか——
誰もが知りたいタイミングがつかめるはずだ。

●鍵を握るのは家賃相場の動き

分譲マンションや建売住宅などいわゆる分譲住宅には、好調に売れる時期と売れない時期がある。売れる時期は「マンションブーム到来‼」などとあおられ、売れない時期は「不動産不況」だと叫ばれる。この好況期と不況期は交互にやって来る。売れる時期の後は必ず売れない時期が来て、その逆もあるわけだ。

そして、売れない時期にあえて購入した人は、後で人に「いい時期に買ったね」と言われるようになり、売れる時期に勢いよく買った人は、やがて後悔することになりがちだ。私は、分譲住宅の取材を30年にわたって続けており、その間に右記のような動きと人々の反応を何度も見てきた。

繰り返し何度も見ているうちに、そこに一定の法則性があることに気づいて、体系化させた。それが、櫻井幸雄の「不動産四局面理論」だ（16ページ図参照）。

この理論では、分譲住宅が果たしてその時期「安い」のか「高い」のかを判断するために、賃貸住宅の家賃相場をモノサシとして用いる。なぜなら、マイホームを買う人の多くは、賃貸脱出組だからだ。今現在、賃貸住宅に住み、「高い！」と思いながら家賃を払い続けている人たちである。だからこそ、払い続けている家賃が「住居費」の目安になる。

賃貸家賃の相場は、比較的安定している（16ページ図の左右を横切る大きな矢印）。特に、ファミリー世帯向け3LDKおよび3DKの賃貸の家賃は安定し、大きく上がったり下がったりしない。ほとんど横ばいである。しかし、長い目で見れば緩やかな右肩上がりの動きをしていることが分かる。

一方で、分譲住宅の価格はかなり大きく上がったり、下がったりを繰り返している（同図の太い曲線）。問題は、なぜ上昇と下降を繰り返すのかである。答えは、「賃貸の家賃相場が歯止めになっているから」。賃貸の家賃相場が引力のように作用し、分譲住宅の価格が上がり過ぎれば引き戻す。下がり過ぎれば引き上げる、という関係が生まれている。これが、市場の基本的な動きとなっている。

●家賃相場の1・5倍で折り返す

具体的に見てみよう。

例えば、3LDKの平均家賃が10万円の場所があるとする。その場所で、分譲住宅の価格が上がったときのことを考えてみたい。近年では2006年にミニバブルと呼ばれる状

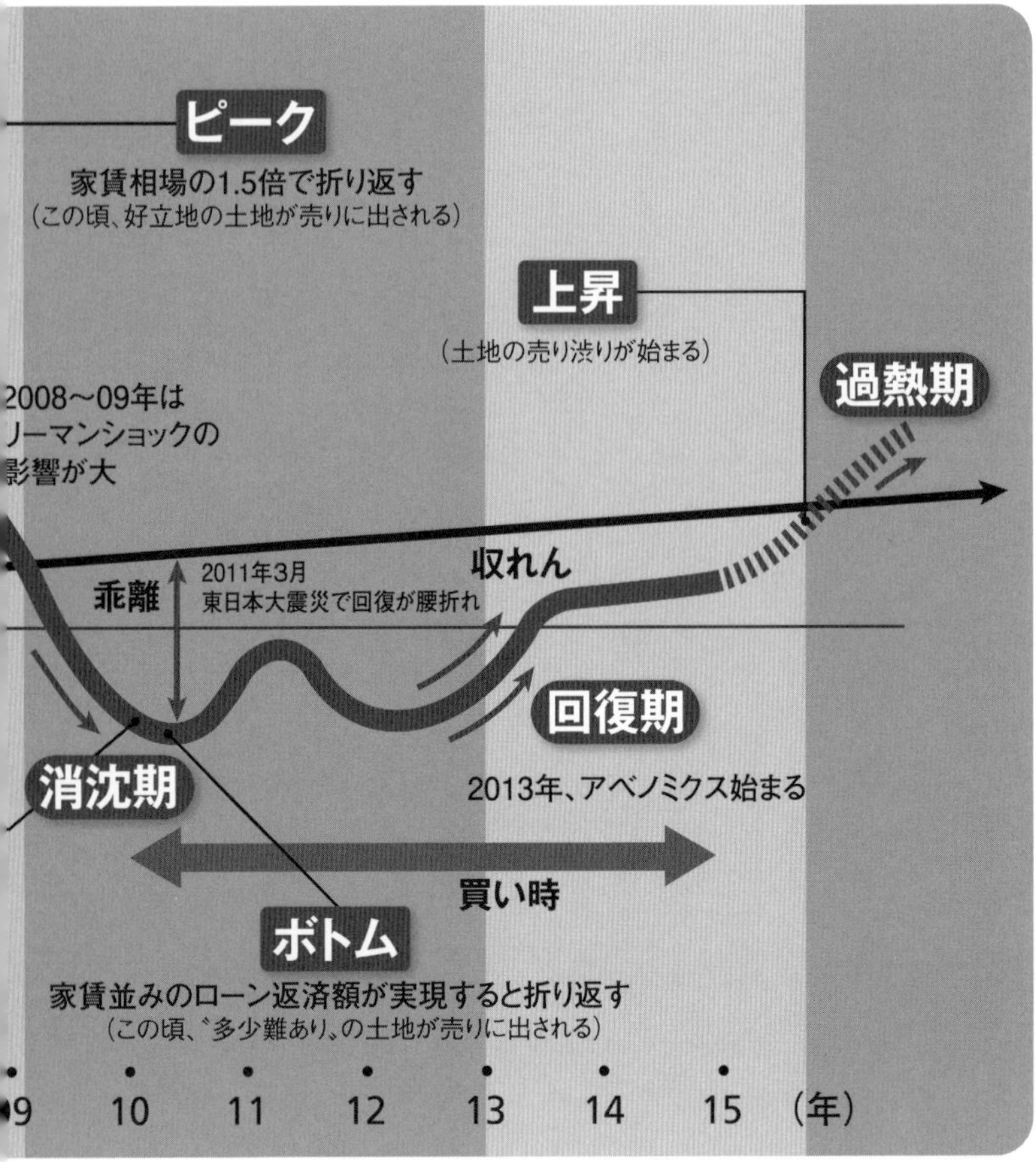

なイレギュラーな動きは30年におよぶ私の取材経験で初めてだった。〝2段底〟のような状況から脱したのは2013年1月。アベノミクスによるインフレ誘導が呼び水となって株価が上がり始め、不動産投資の思惑も含めてマンション購入者が増加。さらに、2013年9月からは2020年東京五輪が決定し購入希望者が増えた。

住宅市場は「過熱」「冷却」「消沈」「回復」の四局面を繰り返す

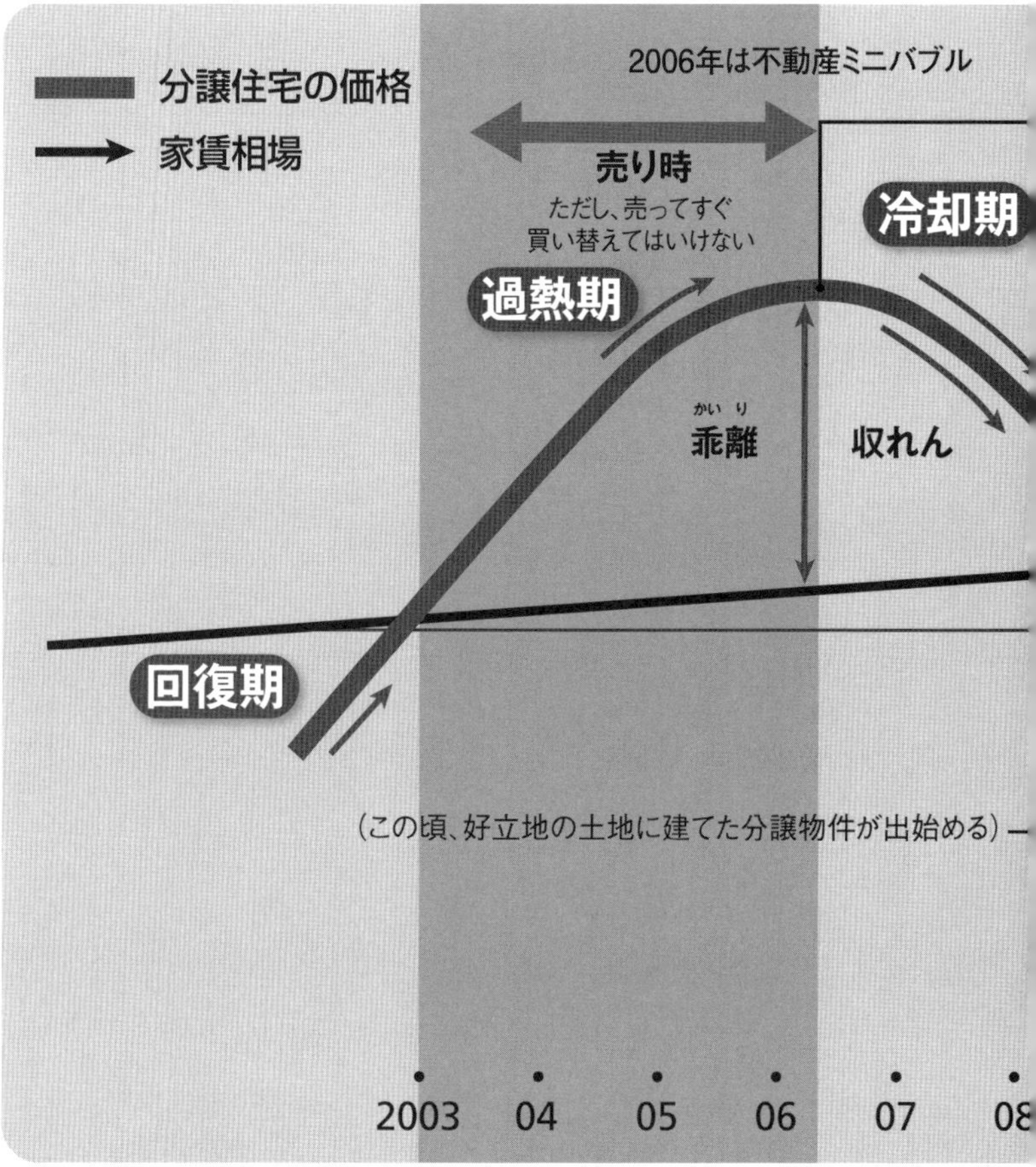

2010~2012年が2段底となった理由

日本は2008年のリーマンショック前から冷却期に入り、その後、消沈期に移行した。2010年秋には「賃貸の家賃並みローン返済金で買える」価格水準まで下がり、いったん回復期に入りかけた。しかしそこに襲ったのが、2011年3月11日の東日本大震災。地震により日本の不動産市況は再び消沈期に戻った。このよう

況が生まれ、分譲住宅の価格が跳ね上がった。加えて、2006年当時は住宅ローンの金利も高く、年利3％程度が当たり前だった。2015年の今、1％を切る金利が多い状況と比べると、隔世の感がある。

3LDKの賃貸に家賃10万円で暮らせる場所で、同等の立地・広さの分譲3LDKを買ったら、毎月のローン返済額はどのくらいになったのか。2006年ごろに頭金ゼロでボーナス併用なし毎月均等払いの35年ローンを組んだら、毎月の返済額は16万円から18万円というレベルになっていた。

毎月10万円の家賃で暮らしている人からすると、「これは高すぎる」という判断が生まれる。「毎月16万円の返済は、生活を相当切り詰めないと払えない」「18万円では、ローン破綻してしまうかもしれない」。そのような水準になると、「無理して（マイホームを）買わなくてもよい」ということになる。家賃10万円の賃貸で暮らしていたほうが、生活は楽で安定するからだ。

このように、「賃貸の家賃相場よりはるかに高い返済額のローンを組まないと買えない」状況になると、住宅の「買い控え」が始まる。

私の感覚からすると、ローン返済額が家賃相場の1・5倍までは、なんとか「がんばって買おう」と考える人が多い。家賃相場が10万円のとき、毎月のローン返済額が15万円までが許容範囲というわけだ。しかし、1・5倍を超えると、諦める人が出てくる。そこが買い控えが始まるターニングポイントである。

図（16ページ）を見ると分かるように、2006年の不動産ミニバブルは、2007年に入ってしぼんだ。それはターニングポイント、すなわち価格がピーク期を越え、買い控えが始まったからに他ならない。

買い控えが加速すると、新築分譲住宅は売れ残る。売れ残れば、不動産会社は値引きを行う。3LDKを4000万円で売っていた旧価格表示に大きく×を付け、「3600万円に価格改定」と打ち出すわけだ。このような値引きを行うと、普通「客足が戻る」と考えがちである。ところが、不動産は値引きをすると、逆に売れ行きが鈍る傾向がある。「この調子なら、まだまだ下がるはず」「今買うと損をする」と考える人が出てくるからだ。加えて、「値引きするような商品を買いたくない」という消費者心理も働く。

大根や豚肉など生鮮食品なら、値引き額を横目で見つつ、傷んでないことを確認しやすい。だから、「値引き＝お買い得」という判断を付けやすい。ところが、マンションや一戸建て住宅は、粗悪品が見極めにくい。そのため、「値引き＝何かあるのではないか」という疑心暗鬼が生まれ、買い手は不安を払拭できなくなる。マイホームは一生で一度か二度の大きな買い物。誰もが間違いのないものを買いたいと思う。そんな心理ゆえに、値引き住宅には図らずも〝難あり〟のイメージが付きまとい、警戒感がかき立てられてしまうのだ。

以上のような理由で、値下がりが始まると、ますます買い控えが増えてしまう。そこで、さらに値引きを行うと、さらに警戒される……。こうして負の連鎖が起き、値下がりが止まらなくなる。不動産価格は、いったん値下がりが始まると、容易に止まることがない。坂道を転がるように下がり続けるのである。

●「消沈」の後には必ず「回復」が来る

住宅価格が下がり続けると、マーケットは消沈期に入る。「まだまだ下がる。今は買うな」の大合唱が続く時期である。近年でいうと、不動産市況は2006年をピークに下がり始め、2008年のリーマンショック余波で一段と下落し、2009年、2010年も下がり続けた。

この時期、テレビや新聞では「下落続く」「底なし」などのキーワードが躍った。とてもマイホームを買う気になれない時期だ。ところが、本当に底なしで下がり続けることはない。そこが不動産の面白いところである。

食品や服であれば、底なしに値下がりすることがある。腐る寸前の野菜や時節外れで流行遅れの服は果てしなく値下がりし、最後は「無料」でも引き取り手がなくなる。しかし、不動産は事情が異なる。「タダでもいらない」といわれる土地やマンションは極めて少ない。少なくとも、東京・大阪・名古屋・福岡・札幌といった大都市の通勤圏であれば、ある程度まで値下がりすれば必ず買い手が付く。極端な話、「3LDKの新築マンションを100万円で売ります」といわれれば、「えっ、何それ?」と興味が湧くだろう。

100万円なら、かなり辺ぴな場所でも我慢できる。すでにマイホームを持っている人も、「100万円ならセカンドハウスに買っておこうか」と食指が動く。だから、タダになる前に買い手が付く。

不動産価格は底なしには下がらない。その理由は、「家は誰にとっても必要なもの」であるからだ。「家族」という言葉は、一緒に暮らす「家」があって初めて成立する人間関係。家を買う、買わないという選択はできるが、「家に住まない」という選択肢は、普通はあり得ない。

「まだまだ下がるから、今は買うな」と言われて買い控えをする人たちは、他の住宅に住む。他の住宅とは、親の家や社宅、そして最も多いのは賃貸住宅だ。賃貸住宅の場合、毎月、家賃を払い、2年に一度更新料を払うのが一般的である。

その家賃は決して安くない。特に、「マイホームの買い控え」が続く時期は、必然的に賃貸居住者が増えるので、家賃が下がりにくく、むしろ上がり気味になる。「マイホームの買い控え」を行っている人たちの多くは、毎月家賃を払い続け、その家賃を「高いなあ」と感じている。だから、「賃貸の家賃並みのローン返済でマイホームが買える」となると、購入に動きだす。それが、分譲住宅値下がりの歯止め要因となる。

分譲住宅が値上がりしたとき、家賃相場が歯止めを掛けるのと同様、住宅が値下がりしたときも、また賃貸の家賃相場が歯止めを掛けるわけだ。

私は、30年にわたって不動産の取材を続け、「値下がり局面」を何度も見てきた。何度も見ているが、「果てしなく下がった」ことは一度もなかった。必ず、値下がりは止まる。それもだいたい同じレベルで止まる。それが、「賃貸の家賃並みのローン返済で買える」レベルなのである。

「まだまだ下がる」と言われる時期、買い控えを決め込む人たちが多い。しかし、買い控え派の多くは、「一生賃貸暮らしでよい」とまでは考えていない。家賃の高さに閉口し、「同じ払うなら、マイホームのためのローン返済のほうが納得できる」と考えている。だから、「チャンスを待っている」というのが買い控えの本質だ。

買い控え派にとって、動きだすきっかけは「賃貸の家賃並みのローン返済で買える」ことだ。

だから、私はマンション・建売住宅の新聞折り込み広告に、「家賃並みの返済で購入可能」の文言が出るかどうかに注目しており、その文言が出たときが「下落の底」と判定している。

●東日本大震災後の「2段底」を検証

近年では2010年秋から、折り込み広告に「家賃並みのローン返済で購入可能」の文言が出始めた。これは、賃貸3LDKが家賃相場10万円の場所を例にとれば、同じような立地・広さの分譲住宅が毎月10万から11万円のローン返済額で購入できるようになったことを意味している。

それを見て私は、新聞・テレビ・雑誌で「これ以上値下がりするのを待っていても無理。もう、そろそろ買ったほうがよい」と発言し始めた。ところがその時期、世の中には「いや、買い時ではない。マンションはまだまだ下がる」との意見が多かった。根拠は、経済が回復するまで2、3年はかかるという予測があったからだ。経済が回復するまで、マンションや建売住宅の値段は下がり続けると読んでいたわけだ。

確かにその考えには一理ある。そして、2010年の時点で、「日本の経済が回復するまで2、3年かかる」という予測も当たっていた。日本経済に回復の兆しが出たのは

２０１３年のアベノミクスからである。

では、実際どうなったか。もう一度16ページの図を見ながら説明しよう。

２０１０年の秋以降、分譲住宅の価格は明らかに上昇に転じた。そのままいけば回復期と思われたのもつかの間、２０１１年3月に東日本大震災が起き、市況が冷え込んで再び消沈期に戻った。このようなイレギュラーな動きは、私の長い取材経験でも初めてのことである。

しかし、ここで注目してほしいのは大震災の影響ではなく、２０１０年時点での反転の動きである。「経済が回復するまで、マンションや建売住宅の値段は下がり続ける」のではなく、「家賃並みのローン返済」が実現した時点で市況は変化した。不動産市況は景気動向に左右されるのでなく、あくまで「買いたい人たち」の消費行動に伴い動くのであり、消費行動の引き金を引くのが「家賃並みのローン返済」の実現なのだ。

だから２０１０年時点で「まだまだ下がる」の意見が多くても、住宅の専門家である私は首をかしげざるを得なかった。「家賃並みのローン返済で買える」レベルまで下がっているのに、そこから2、3年下がり続けたら、家賃より安く買えるようになってしまうからだ。そんなに安ければ、賃貸居住者が放っておくはずがない。

すでに２０１０年秋、「賃貸３ＬＤＫが家賃相場10万円のところで、同じような条件の分譲住宅が毎月10万から11万円のローン返済で購入できる」水準まで下がった。そこからさらに下がり続けたら、毎月7万から8万円程度のローン返済でマイホームが購入できるようになってしまう。すると、毎月の管理費や修繕積立金を加えても10万円を切る。マイホームを持てば固定資産税が発生するが、一方で住宅ローン控除の恩恵にあずかる人が多い。つまり、賃貸に暮らして毎月家賃を払うよりも、総合的に見て家計が楽になる。マイホームが手に入るうえ、毎月の生活が楽になるのなら、賃貸族は誰でも「買いたい！」と思うだろう。

東日本大震災以降、回復が腰折れ状態だった不動産市況も、2013年末のアベノミクス以降、再び回復期に入った。ここでようやく「2段底」を脱したことになる。

●目安は「単純利回り5％」ライン

賃貸に住んでいる人は、分譲住宅の価格が下がり続けることを放置しない。「買ったほうが得だ」と判定したとき（具体的には賃貸の家賃並みローン返済で購入できるところで）、購入を決断し、賃貸脱出を図る。

家を買う人は、自ら住む目的で買う人（実需層という）だけではない。人に貸して家賃収益を得る投資家も購入者となる。その投資家は、分譲価格と家賃相場から利回りを計算する。3000万円で購入したマンションを家賃12万5000円で貸せば、1年間で150万円の家賃収入が得られる。この150万円を「3000万円のマンションが1年間で稼ぎ出した利益」と考えれば、単純（あるいは表面）利回り5％と計算される。

この単純利回り5％が、投資家にとって大事な目安となる。年5％を超えれば有利な投資物件、5％を下回れば、魅力が減る――投資家は、そのような考え方をする。ここで面白いのは、「賃貸の家賃並みのローン返済で新築マンションを購入できる」レベルになったとき、その新築マンションを買って賃貸に出せば、「5％を超える利回りになる」という点だ。実際、「賃貸の家賃並みローン返済で新築マンションを購入できる」時期は、投資家にとっても、格好の仕入れ時に重なるのである。

ではもし、賃貸の家賃相場が10万円で、同レベルの新築マンションが毎月7万から8万円の返済で買えるような水準まで下がったら、利回りはどうなるか。投資家がローンを組まずキャッシュで購入して、すぐに賃貸に出すと、利回りは8％を超える。場合によっては9から10％に達する。投資家にとっては、かなりおいしい商品だ。

実際には、「家賃7万円とか8万円で購入できる」まで、放ってはおかない。その前の水準――具体的には単純利回りが6％程度になった頃合いから、積極的に物件を買い始めるのである。

実需層も投資家も、家賃相場が堅調である以上、分譲住宅が下がり続けるのを、決して指をくわえて傍観しない。つまり、「買ったほうが得だ」と判定したところで買いに入るので、結果として値下がりに歯止めが掛かるわけだ。

もし、賃貸の家賃相場が分譲住宅の相場と連動して下がっていけば、分譲住宅の値下がりは果てしなく続くだろう。しかし実際の賃貸相場、特にファミリー向け3LDKの賃貸相場は、上がったり下がったりせず、堅調な動きをする。

このように賃貸の家賃相場が堅く横ばいを続けるため、分譲住宅の値下がりが続いたとき、歯止め効果を生むのである。

●市況が底を打って上がりだす

賃貸脱出組の多くは、「最も安くなったところ＝底値」で買おうと思っている。しかし、それは無理な話。底値はプロでも見極めができない。というのも、下がっている状況が下限のターニングポイントに達し、さらに上がったという事実が加わらないと「底」の形は形成されない。つまり、上がり始めなければ「底」が分からないからだ。上がり始めたとき、振り返ってようやく「あそこが底だった」と分かるもの。現在進行形で、「底」を見極めるのはまずもって無理なのである。

しかし、予測はできる。前述したとおり、この予測は賃貸の家賃相場との乖離を見ることで行えるわけだ。

分譲住宅値下がりの「底」は、賃貸の家賃並みのローン返済でマイホームを購入できるところ——これについては、繰り返し述べたので、多くの人が共感しやすいだろう。「家賃と同じくらいのローン返済でマイホームを買えるなら、買う人が増えて値下がりが止まるのも無理はない」と感じるはずだ。問題は、その先。値下がりが止まった後に、「値上がりが始まる」という動きが、リアルに実感しにくいことにある。

「消沈」から「回復」への動きがどのように始まるかは、なかなか理解してもらいにくい。売れ行き不振の時期が終わってすぐに、「マンションブーム」や「マイホームブーム」が起きるとは、なかなか想像しにくいからだ。しかし過去、不動産不況の後には、必ずマンションブームが起きているのである。それは、起こるべき要因が重なるからだ。

その要因は三つある。三つの要因を時系列ごとに解説したい。

①需要の蓄積

マンションの売れ行きが悪い時期には、購入を見合わせ、買い控えを決め込む購入予備軍が増える。これは、潜在的な購入需要がたまることを意味する。

近年では2007年から2010年まで、分譲住宅の売れ行きはそれまでの約半分にまで落ち込んだ。賃貸脱出組をはじめとした購入予備軍の半分が、買い控えに回っていたと推測される。4年分の半分、丸々2年分の購入需要がたまっていたのである。これは、後に不動産市況を押し上げる大きなエネルギーとなる。

②供給が魅力増

潜在的な需要がたまっている一方で、供給（不動産会社が売り出す新築分譲住宅）はどうなるか。分譲住宅全体の売れ行きが落ちている時期なので、当然ながら供給は細る。新規分譲戸数が少なくなるわけだ。少なくなるだけではなく、売り出される物件の質も変化する。

売れ行きの悪い時期にあえて売り出されるのは、実は〝極めつき〟の物件が中心となる。それは当然だろう。売れ行きの悪い時期に魅力の薄い物件を売り出しても、売れ残りが増えるだけ。「こんな時期でも、この立地だったら振り向いてくれるだろう」「買ってくれるのではないか」という、選りすぐりの物件だけを出す。例えば、駅に近くて便利だったり、再開発エリアに立地する物件だったり、駅から離れても環境が抜群によい場所といった魅力的立地の物件。それらが、抑えた価格で売り出される。つまり、優良物件がそろい、商品の魅力が増すのである。

潜在的な需要がたまる一方で、新規供給が少なく、優良物件が選りすぐられ、しかも安い価格帯で出てくる。すると、「今買うと損をする。得するまで待とう」と買い控えを決め込んでいた購入予備軍が、徐々に興味を示しだす。

「あの立地のマンションが、この価格帯で購入できるなら、動いてもいいかな」と。そこに、三つ目の要因「政府の後押し」が加わる。

③政府の後押し

住宅の売れ行きが落ちると、政府は家が売れるように後押しを行う。具体的には、「住宅ローン控除の大型化」が始まる。「住宅ローンを組んでマイホームを買った人は所得税や住民税が戻ってきます」というのが住宅ローン控除。その還付金額が大きくなるのは、必ず住宅の売れ行きが悪いときだ。

そして、住宅の売れ行きが悪いときには、「贈与の特例」の特例枠も拡大される。「贈与の特例」というのは、「子供がマイホームを買うとき、親が資金援助するのは特別な行為。だから、贈与税を免除しましょう」という枠のこと。これまでの歴史を振り返ると「550万円まで贈与税がかからない」という時代が長かったのだが、2007年以降の住宅不況で枠が拡大。1000万円以上、贈与税なしで資金援助できる時期が続いた。2015年の税制改正ではさらに、非課税枠を1500万円に引き上げている。

贈与の特例枠を拡大する一方で、相続税率を上げることも決められた。そうなると、生きている間に贈与の特例枠を使って、子供に財産を渡したい、と考える人が増える。結果、住宅購入が後押しされることになる。

加えて、住宅ローンの金利を低く抑えることも、住宅購入を後押しする。低金利政策は経済全体を活性化させようとして行われるもの。住宅購入者のことだけを考えた政策ではないのだが、住宅購入者への恩恵は極めて大きい。

なぜ政府は、これほどまでに住宅購入者に優しいのか。

本来、日本政府は税収を増やしたい。税収アップのために消費税を上げたし、扶養控除を減らし、相続税率も上げている。税収を減らすことになる税金の還付や免除などは行いたくないはずなのだが、実際には住宅を買う人に対し、還付や免除の大盤振る舞いを行っている。これには、理由がある。政府は「国民が家を持てるようにバックアップしよう」などという親心で、住宅を買う人に優しいわけではない。経済対策として還付や免税を行っているのだ。

住宅は「経済波及効果の大きい商品」だとされる。住宅が売れると、いろいろな業種に仕事が増える。不動産、建設だけでなく、電気・ガス・水道、内装、外装、昇降機に造園……さらにはカーテンやシーツなど繊維の需要が増えるし、家電製品や家具、食器類を買い替える人もいる。一説には、「何らかの形で住宅に関わる仕事をしている人は、全就労者の17％に達する」と言われている。住宅が売れるようになると、多くの会社、人に仕事が増える。つまり、経済が上向く要因になるので、政府は税収を諦めて、家を買いやすくしてくれるわけだ。

以上の三つの要因が重なり、潜在的な需要層が動きだし、不動産市況は回復への段階に入るのである。

●ある日突然、ブレークして「回復」期に

潜在的需要が動くとき、一度に全員が動くことはない。最初は少しずつ。やがて、その

数が増えていく。
少しだけ動いたところで、マンションや建売住宅の値下がりは止まる。そこまでは穏やかな動きなのだが、動く人が増えると大変な事態が起きる。もともと供給される物件が少ない時期である。その時期に多くの人が動きだすので、一気に購入者があふれるブレーク現象が起きてしまう。
マンションの場合、具体的には申込日に売り出した住戸全てに購入申し込みが入る「即日完売」が生じる。さらに申し込みが多数のため、抽選で購入者を決める「抽選物件」も出てくる。「抽選に当たらないと買えません」というマンションや建売住宅がポツリポツリ現れ始めること——それが、回復期に入ったとき、最初に生じる現象だ。

もう一つ、目に見えて分かる変化がある。それは、「土日の販売センターが混み始める」こと。つまり、マンション分譲に「行列」ができるわけだ。

この「行列」や「抽選」「売り切れ」は、全て人の購買意欲をあおるキーワードとなる。「行列」ができていれば並びたくなるし、「何を売っているのだろう」と見たくなる。「抽選に当たらないと買えない」と言われると、「当たって買いたい」と思い、ハズレたり、「売り切れ」で「もう買えません」と言われると余計に欲しくなる。

このように購入意欲をあおるような動きが出ると、たまっていた潜在的需要層が雪崩を打って「買い」に走りだす。だから、不動産市況が回復するのである。

「行列」や「抽選」「売り切れ」は、不動産不況のとき（近年でいえば2007年から2009年まで）には見られなかった。販売センターは土日でもすいており、購入希望者が少ないので、先着順でだらだら販売を続けるマンションや、建売住宅ばかりだった。なかには、値引きをしたり、おまけ（家具や照明器具など）を付ける物件もあった。

物件を選びたい放題で、値引きやおまけも付く——そんな時期は買い手市場で、有利な買い物ができる。しかし、買いたいという気持ちは萎える。それは、デパートに買い物に行ったときと同様だ。土日にもかかわらずデパートはガラガラ。店員さんが寄ってきて「今なら、お安くしますよ」と声を掛けてくる。指差す方向を見ると、商品が山積みになっている。これでは、とても買う気にはならないだろう。「買いたい」という気持ちより、「逃げたい」という気持ちが強く湧くのではないか。「行列」や「抽選」で購買意欲があおられるのと逆の動きが出るわけだ。

多くの人は消沈期には動かず、回復期から動きだす。

抽選物件が増え始めると、抽選に外れた購入者がカッと頭にきて、翌月、二つ、三つの物件を同時に申し込んだりする。こうして、抽選物件が増え始めると、潜在的需要層が焚きつけられて、ますます市況は動きだす。そうなると、回復期から、あっという間に過熱期に入ってしまう。

実際、回復期は期間が短い。すぐに次の過熱期に移り、この過熱期がけっこう長く続く。「今が最後のチャンス」「今、買わないと損をする」と言われ始め、「マンションブーム到来」ともてはやされるなか、値段が上がっていくのである。

「今が（安く買える）最後のチャンス」と言われるのは、この時期、景気全体が上向くからだ。住宅の売れ行き増は、経済を活性化させる力がある。景気が上向くと、「この景況感はしばらく続く。景気が上がり調子の間、住宅の値段は上がる」といいだす人が必ず出てくる。先の消沈期に「景気が下がっている間は、住宅の値段も下がり続ける」といわれるのと同じ理屈で、真逆の展開になるわけだ。

実際、住宅と株は、下がりだしたらなかなか下げ止まらないし、上がりだしたときもなかなか止まらない。しかし、果てしなく下がるわけでも、上がるわけでもない。値段が高くなったときは、再び賃貸の家賃相場との比較が生じる。賃貸の家賃相場と比べて、「高くなり過ぎている」という判定が生まれれば、買い控えが起きる。そして、住宅の売れ行きが落ち、下落が始まる。これと歩調を合わせるように景気全体も失速する。

断っておくが、私は「不動産市況が景気を左右している」と言うつもりはない。不動産市況は、景気を左右する一つの要因であり、株価も同様の要因となる。株価が上がれば住宅も売れるという相関関係もあり、多くの要因がリンクして景気を動かしているのだ。

●局面が一巡する期間は一定ではない

住宅市場は、「過熱」「冷却」「消沈」「回復」の四局面を繰り返し、長い目でみれば右肩上がりで推移している。

私は、1984年から本格的に住宅の取材をはじめ、30年間に「過熱」「冷却」「消沈」「回復」が3回繰り返したのを見た。今は、4回目に入ったところだ。

3回も4回も繰り返すのなら、「過熱」「冷却」「消沈」「回復」が不動産の基本的な動きと考えられ、四つの局面を繰り返すことを「不動産四局面理論」と名付けた。「不動産が四つの局面を繰り返す」という理論を不動産のプロ、それも40年以上、不動産業界に関わっている人たちに話すと、皆「その通りに動いてきた」と賛同してくれる。また、証券取引のコンサルタントにこの理論を紹介したら、「株の世界も同様に動く」と教えられた。

株の場合、消沈期にあえて買い、過熱期にあえて売ることを「逆張り」という。逆張りは大もうけを出すための常套手段であり、そのことは株をやっている人なら誰もが知る基礎知識だ。あまりによく知られているから、株の世界では逆張りを狙う人が多くなった挙げ句、「逆張り」の「逆張り」が有効になったり、そのまた逆で元に戻ったりして〝逆張り効果〟が薄れてしまったりしている。皆が同じ動きをすれば、逆張りが必ずしも有効ではなくなるのだ。株取引の世界で、専門家が増えてしまった結果と言えよう。

その点、不動産の世界はどうだろう。一部に不動産取引を繰り返す投資家はいるが、多くの人は一生のうち家や土地を買うのは1回か2回。こんないい方は不謹慎かもしれないが、いわば〝素人〟の集まりなので、不動産市況は教科書通りの動き方をしてしまう。おかげで「逆張り」が極めて有効な状況が保たれているわけだ。

では、「過熱」「冷却」「消沈」「回復」の四つの局面が一巡するのには、どれくらいの期間がかかるのか。私は「30年間で3回」繰り返すのを見たわけで、単純計算なら1回のローテーションが平均10年となる。しかし、実際に「10年で一巡」というケースはなかった。もっと長い時期と、短い時期があった。

私が経験した最も長い期間でワンサイクル16～17年かかっている。昭和の終わりから平成にかけての、だらだらした下り坂の時期が最長だった。一方、短いときは6～7年で一巡してしまった。どのくらいかかるかは、その時によって変わる。だから、四局面理論を理解したからといって、すぐにこの理論を使い不動産で金もうけができるわけではない。金もうけを考えるなら、理論を理解した上で、タイミングの見極めが重要になってくる。

しかし、自分たちのためのマイホームを買おうとする人は、微妙なタイミングの見極めは必要ない。おおまかな見極めと、各局面における対応を知っていればよい。それだけで、不動産購入や売却に関する失敗は大幅に減少するはずだ。

●四局面理論で分かる買い時と売り時

不動産の動きは、このシンプルな四局面理論で説明できる。住宅を買う人はいずれも、四局面のどこかに遭遇していることになる。四つの局面以外には、ないからだ。では、どの局面が最良なのか。買うなら、価格が安く、優良な物件が売られ、購入者が少ない消沈期から回復期にかけての局面である。

本来、消沈期が最もいいのだが、多くの人が買い控えを決め込み、新聞・テレビで「まだまだ下がる。今買うと損をする」と言われ続ける時期なので、買う勇気が出る人は少ないだろう。初めて住宅を買う層はまず、尻込みする。消沈期で買いに出ることができるのは、不動産のプロ（不動産業者や不動産投資家）、もしくは何も考えない人。あるいはたまたま、消沈期に遺産が入ったとか、社宅がなくなるので家を買う必要性が生じたなど、個人的タイミングが合致した人くらいである。

一般消費者にとって、「買おう」という気持ちになれるのは、一部に動く人が出始める時期。すなわち回復期に入ったあたりである。

逆に家を売るときのベストタイミングは過熱期。「今がマイホーム購入の最後のチャンス」とか「今買わないと、一生買えない」と言われる時期は、購入希望者が多く、新築マンションや新築一戸建ての値段が上がる。それにつられて中古住宅の値段も上がるので、強気の価格設定で、値引きもせずに成約しやすい時期となる。

ただし、過熱期に家を売却する場合、注意が一つある。

それは、「売った後に、すぐに次の家を買わないこと」だ。多くの人は、マイホームを売った後、すぐに次の家を買う。築10年のマンションを売却して、新築の一戸建てを買おうとしたりする。確かに、過熱期であれば、築10年のマンションでも高くなることがある。購入時と変わらない値段や、もしかしたら買ったときよりも高い値段で売れるかもしれない。10年間住み続けて、新築時と同じ値段で売れれば、それは「もうかった」ということになる。買ったときより高い値段で売れれば、大もうけだ。

有利に売却できるのだが、いい気分になって新築住宅を新たに買うと、せっかく得たもうけを全て吐き出すことになる。というのも、過熱期には全ての住宅価格が値上がりし、その値上がり幅は中古より新築のほうが大きいからだ。どのくらい高くなるか、私の体験談を披露しよう。

私が最初のマンションを買ったのは昭和の終わり。バブルが始まる直前だ。そのとき買った3LDKは3300万円ほど。それが、バブルの絶頂期に「6500万円で買い取ります」との申し出があった。3000万円以上の値上がりだ。マイホームを売却したときに得られた利益（ざっといって成約価格マイナス購入時価格）は、3000万円までなら税金がかからない特例（居住用財産を譲渡した場合の3000万円の特別控除の特例）があるので、この時の3000万円は丸々手元に残ることになる。

「3000万円」を目の前にぶら下げられたら、誰だって色めき立つ。私も「売ってしまおうか」と思った。しかし、家族が暮らす3LDKを売却したら、住む場所がなくなってしまう。そこで私は、「次に住む家が見つかったら、売却しよう」と、まずは次の分譲住宅探しを始めた。

ところが、次の家が見つからないのだ。バブルで不動産価格が高騰し、それも抽選に当たらないと買えない状況。それまで住んでいた3LDKを売却し、次の家を買う場合、次の家は「今住んでいる3LDKをアップグレードしたもの」でないと意味がない。具体的にはより便利な立地のマンションや、広い庭が付いた一戸建てになるのだが、その値段が恐ろしく高かった。首都圏の郊外でも、8000万円以上した。

すると、3000万円の利益を頭金に買うなら、5000万円の新たなローンを組むことになってしまう。それでも私は決意して、8000万円以上のマンションに購入を申し込んだ。幸か不幸か、抽選に外れ、そこで買い替えを諦めた。あのとき、もし当選していたら……。5000万円の借金を抱え、バブル崩壊を迎えることになっただろう。まさに、冷や汗ものである。

過熱期にマイホームを売却するのはよい。しかし、同じ過熱期に次の家を買ってはいけない。次の家は「買う」のではなく、「賃貸」にしたほうがよい。都心に住み、「次は近郊や郊外に住んでみたい」と思っていたら、狙っているエリアで賃貸住宅を借りる。過熱期には分譲住宅の値段が上がるが、賃貸住宅の家賃は上がりにくい。その賃貸住宅に一時避難し、併せて狙う場所の〝実地検分〟も行う。「この場所に住みたいと思ったが、住み心地は本当にいいのか」「自分に合っている場所なのか」など現地で検証し、ピンポイントで良い場所はどこかも調べる。

そのうち、過熱期から消沈期への下落が起きたら、おもむろに絶好の立地で、値引きされた住宅を買う。これが、賢い買い替え方だ。正解は、売るタイミングと買うタイミングをずらすこと。考えてみれば、「売る」という行為と、「買う」という行為は裏表を成すので、両方に好都合の時期などあり得ない。だから、両方の行為をずらして行うのは論理的に正しいのだが、今まで誰もそのことを指摘してこなかった。不動産に関しては、まだまだ、十分に情報が行き渡っていない証拠だろう。

●「過熱」局面で起きる〝実質値上げ〟

四局面において、最も見極めが難しいのが過熱期だ。なぜなら、不動産価格の上昇というものは決して単純ではなく、表面的には変わっていないように見えるが、その裏で〝実質値上げ〟となっていることが多いからだ。

例えば、それまで150万円で売られていた車が160万円になれば、値上がりしたことが分かりやすい。同様に、3000万円で売られていたマンションが3300万円になれば、分かりやすい値上がりとなる。

ところが、マンションは同じ立地条件のものは二つとない。同じ広さ、同じ建物、同じ設備仕様という物件も存在しない。一つひとつの土地にオーダーメードの建物がつくられるので、単純な比較ができないのだ。

この商品特性をうまく生かして、マンションや建売住宅では過熱期における〝実質値上げ〟が行われる。

仮に、消沈期に駅から徒歩3分の場所で、専有面積80平方メートルの3LDKのマンションが3000万円で分譲されていたとしよう。回復期の後半に入り、値段が上がると、今度は駅から徒歩8分の場所で、専有面積75平方メートルの3LDKのマンションが3000万円で売られるようになる（少し遠く、少し狭くなっている）。それが、過熱期になると、駅から徒歩13分の場所で、専有面積70平方メートルの3LDKのマンションが3000万円で売られる（さらに遠く、さらに狭くなっている）。これが、実質的な値上げだ。

こういった巧妙な値上げが行われると、数字上では「あの駅周辺の3LDKのマンションは平均分譲価格3000万円」のままになってしまうので、厄介だ。世の中のマンション相場データの多くは、駅からの距離や面積を勘案していないものが多いので、「平均3000万円」という数値は動かない。すると一般の人は〝実質値上げ〟に気付かないのである。

余談だが、駅からの距離や住戸の広さを勘案しないデータを基に、「マンション価格の推移」グラフをつくると、「価格が上昇した時期」も折れ線グラフの山が低くなってしまう。それを見て、「価格上昇はなかった」などと論評する人まで出てきてしまうのである。

実際には、駅から離れれば離れるほど、土地の価値は下がる。専有面積が狭くなればなるほど住戸の価値は下がる。にもかかわらず、値段を下げない。実際には1000円で10個入りだったまんじゅうを、ある日同じ値段で8個入りとし、さらには原料の小豆を国産から輸入ものに替えるようなことが行われているわけだ。

●土地の仕入れと商品化のからくり

実質値上げが行われる背景には、「エリアの購買力」という問題がある。不動産会社や住宅メーカーは、あらかじめ「この場所でマンションを売った場合、3LDKを買う人の予算は3000万円まで」というマーケティングを行い、購買層の動きをある程度見越した上で、売れ筋の商品をつくっていく。上限価格を踏み外さず、市況に応じたマンションをつくろうと努力する結果、過熱期は〝実質値上げ〟が行われることになる。

「消沈期には好立地の物件が出てくる」と前述した。そんな局面でも不動産会社は〝多少難あり〟の土地を所有している。〝多少難あり〟の土地を消沈期に売り出しても買い手が付かないので、寝かせておく。その土地を出してくるのが、過熱期。過熱期には、「売ってくれ」という客が押し寄せる。そこで、押し寄せてきた購入者が買える価格の物件をつくり、分譲するのだ。

こう書けば、「不動産会社は悪徳業者の集まり」のように思う人もいるかもしれない。しかし、そうではない。これはどんな商売でも起き得ることなのだ。

客が少なく、売れ行きが悪ければ、良い商品を出血サービス価格で売り出し、客の気を引こうとする。一方、「売ってくれ」「売ってくれ」と客が押し寄せてきたときは、「少しもうけさせてもらう」ことを考える。このように市況の波を乗り越えながら、企業は存続するのであって、ある局面で実質値上げを行うことを、一概に非難はできない。

消費者としては非難するよりも、賢くなることが大事だろう。賢くなって、出血サービス商品を買い、実質値上げに惑わされない知恵をつけるべきなのである。

もう一つ、過熱期に不動産価格が上昇するとき、興味深い動きが出る。それは、「好立地の土地が売りに出される」ということだ。「駅に近く神社の境内に隣接した静かな場所」や、「昔からの高級住宅地」といった、由緒ある土地だ。なぜ、そのような土地が売りに出されるのか、複数の土地を持つ地主の気持ちになると理解しやすい。

多くの土地を所有し、徐々に売却していこうという地主は、どういう行動をとるか。土地の値段が安いときに、良い土地を売る気にはならないだろう。安いときに売ってもよいのは、駅から遠いとか、高速道路の脇など〝多少難あり〟で、もともとの価値が低い土地だ。そして、不動産市況が上がり、土地の値段も高くなってくると、虎の子の土地を売りに出す。「今だったら、この土地は最高値で売れる」と期待するからだ。

不動産会社は、そのようなピカイチの土地が出ると、買わずにはいられない。「最高の立地で、歴史に残るような名マンションをつくりたい」――これは、多くの不動産会社社員が心に抱く夢だ。そして、過熱期は物件の売れ行きが良いので、資金も潤沢にある。そこで、ピカイチの土地を高値で買ってしまう。

ここで購入者側が押さえておきたいのは、「その土地はどうなるのか」という点である。

実は、買い取った不動産会社の思い通りに事が運ぶわけではない。多くの場合、土地を仕入れ、マンションの計画を考えているうちに市況が変化し、冷却期に入ってしまう。高い値段で仕入れた土地で、高い価格のマンションを分譲することができなくなるのだ。

そこでしばらく塩漬けされ、あるところで会計処理されて、仕入れたときよりも低い値段でマンション用地などに活用される。そのマンションが〝出血サービス商品〟として、消沈期で出てくる。だから、消沈期に売られるマンションは魅力的になるわけだ。

ちなみに、消沈期に地主が売り出した〝多少難あり〟の土地は、不動産会社が塩漬けしておいて過熱期に商品化する。そのため、駅から遠いマンションなどが増えてしまう。四局面理論で、いろいろな現象が説明できるのである。

●家を売るのは、築15年目がよい

初めてマイホームを買う時期は、30歳から35歳くらいがよいとされる。サラリーマンの場合、ほどほどに給料が上がり、第一子が小学校に入る前。そして、35年返済のローンを組んで70歳までに返済が終わる年齢に買いたい……以上の要素を加味すると、35歳までが購入適齢期と算出されるわけだ。

では、家を売るときに頃合いはあるのか。

残念ながら、今まで「売却の頃合い」が示されたことがない。「いつ売るのか？　そんなの人それぞれだよ」と考えられていたのだ。

ところが、近年、「これくらいで売るのがいいのではないか」という目安が出始めた。言い出したのは、不動産業界に勤めて、自らマイホームを売却した人たち。実は売却に失敗し、その反省から「売るなら築15年」と言い出したのである。

その内容を紹介しよう。

マイホームの買い替えを行う人の多くは、築20年か25年あたりで決断する。子供が巣立ち、定年が近づくので、広い3LDKを手放し、夫婦二人用のコンパクトな間取りで、駅に近い便利なマンションに買い替えようとするわけだ。

ところが、築年数の古いマンションはなかなか売れない。築25年では見劣りがして、希望価格をかなり下回る値段で成約するのが普通だ。「こんなに安くなるのか」との反省から「もっと高く売る方法はなかったか」と思いを巡らし、「振り返って見れば、築15年あたりが売り時だった」という結論に至ったのである。

この「築15年」の根拠は、他にもいくつかある。

まず、ガスボイラーなどの給湯器が壊れ始めるのが15年を過ぎた頃から。お金のかかる設備機器を交換するのに合わせ、リフォームを行うケースも多く、そうするとかなり大きな支出が生じる。リフォームに300万円、500万円をかけるなら、それを頭金にして買い替えたほうがよい、という発想も出てくる。

次に、毎月支払う修繕積立金の問題もある。分譲マンションの多くは16年目以降、修繕積立金の金額が上がる。超高層マンションだと、さらに大きく上がってしまうケースもある。「最初は管理費と修繕積立金を合わせて3、4万円だったのが、16年目以降は合わせて8万円」というようなケースもある。このような上昇が起きる前に売却したほうがよい、というわけだ。

三つ目の理由は、「買い手にとっても好都合」というもの。買い手の多くは住宅ローンを組んで購入する。その際、住宅ローン控除を利用したいと思う。「住宅ローンを組んでマイホームを買った人には、税金が戻る」という制度だ。現在、この住宅ローン控除は、10年にわたって税金が戻ることになっている。

中古住宅を買った場合も、住宅ローン控除は利用可能。ただし、「築25年まで」という決まりがある。正確には、「マンションの場合築25年まで（木造の戸建ては築20年まで）」であるか、「新耐震基準の適合証明書がある」か、「取得時までに耐震改修工事の申請などを行い、取得後6カ月以内に適合証明を取る」という三つのいずれかに該当することが必要だ。

中古マンションを買って10年間還付を受けるために、買い手は築25年までの物件を集中的に探す傾向がある。売り手からすると、築15年程度であればまだ余裕であり、多少高くても買いたいと思う人が多くなる。それも、「築15年が売り時」といえる理由だ。

この「売却築15年説」を現在に当てはめると、2000年から2003年くらいに新築分譲されたマンションが売り時に入ることになる。

この2000年から2003年は、「都心マンションブーム」が起きた時期に当たる。東京23区内のマンションが割安に分譲され、大阪でも中之島や本町といった中心地のマンションが安かった。安いだけでなく、設備機器やセキュリティのレベルが上がり、今の物件と比べて遜色がないものが多い。キッチンにはディスポーザー（生ゴミ粉砕処理機）が付き、居室の床はすべてフローリングとなって、床暖房も付くようになった。

セキュリティ面では、オートロックが広まり、警備会社にセキュリティを委託し、24時間管理が実現したのも、この時期からだ。

そのため、今は、築15年の都心物件が常に増して有利に売却できる時期となる。買い手にとっても、築15年ものは魅力的だ。

都心部の中古マンションが高く売れる一方で、郊外の不動産市況は「値上がり前夜」の状況にあり、買い手は割安で購入できる。さらに現在は住宅ローンの金利が低いため、2LDKやコンパクトな3LDKであれば、10年や15年という短い期間のローンで買いやすい。まさに、築15年のマンションの「買い替え時」となっているわけだ。

論理的に考えれば、「築15年が売り時」。とはいっても、「築15年では早すぎる」という人もいるだろう。「子供が巣立ってからであれば買い替えも考えやすいが、まだ大学生の息子がいる」「会社で責任あるポジションにいるため、仕事が忙しく、都心に近い場所を離れたくない」などという、個々の事情があるわけだ。

築15年では、「まだ買い替える気になれない」人が多い。となると、市場に「築15年」物件は数が少ないことになる。それは、希少価値が出ること意味し、まれに売り物が出ると、「そのくらいの築年数の物件を探していたんだ」と買い手が殺到する。つまり、買い手が付きやすくなる。

こうして売り手市場になることも、「築15年物件」の強みとなるのである。

第2章

不動産マーケットの法則

——売買における「心理戦」を読む

不動産市場は日々、刻々と変化している。
大きな金が動くだけに、売り手も買い手も、
いかにうまく売買するか必死である。それぞれの心理を読めば、
マーケットが「なぜそう動くのか」というメカニズムがつかめてくる。

◆狙い目物件の法則

不動産価格は「の」の字で上がる

日本の不動産市況は、アベノミクスと2020年東京五輪により、インフレへの歩みを始めた。回復期を抜け、過熱期に近づき始めたわけだ。

このような景気上昇期、マーケットをけん引する首都圏の不動産価格は「の」の字で上がるというセオリーがある。まず都心部でマンションの売れ行きがよくなり、その勢いが神奈川方面に飛び火し、次いで埼玉、千葉に移行する。その動きを地図上でなぞってみると「の」の字になるというわけだ。

この動きは、単に注目エリアの変化を示しているだけではない。「の」の字が進めば、物件価格も変化する。

簡単に言えば、「の」の字の動きとともに、エリアの相場価格が上がってくるわけだ。価格上昇の炎は、都心の億ションエリアから始まり、城南（品川・大田・世田谷）や横浜の〝半億ション〟エリアを目指し、3LDKが4000万～3000万円台で購入できるエリアに燃え移る。その結果、マンション購入のボリュームゾーンが動きだし、「マンションブーム」が起きる。

私は30年の取材経験を通し、こうした「マンションブーム」を3回見てきた。3回とも同じ「の」の字で発生しており、ブームが動く様子は台風を感じさせる。

2015年初春、「の」の字は、都心から城南を抜け、横浜エリアに達している模様。今後、東京市部や埼玉方面に北上するものと考えられる。実際、さいたま市の浦和区では、2014年以降、好調に売れる物件が目立っている。

ちなみに、「の」の字は、埼玉で止まるケースがある。が、まれに千葉まで進んだ後、もう一度、都心からなぞり始めることがあるので、油断はできない。

2020年東京五輪までまだ5年ある。今から不動産価格が急上昇することはない。2020年まで何度かの踊り場を経ながら、緩やかに上がっていくと私はみている。上がり方も均一ではない。まず、都心の一等地が上がると言ったが、それが郊外に広がるとき、まず駅に近いマンションに波及、やがて駅から離れた場所も上がる、という現象が起きる。

不動産購入で得をしたいなら、先を読むことと、早めに動くことが肝要だ。もうすでに価格が上がってしまったところより、まだ上がっておらず、これから波が来るところを狙うことである。

◆狙い目物件の法則

超人気物件は人知れず蒸発する

分譲マンションは、普通広告に力を入れる。新聞チラシやインターネットで、多くの人に知ってもらおうと躍起になる。ところが超人気物件には、逆の動きが出る。宣伝や広告を控えるのだ。

例えば全100戸のマンションに対し、宣伝しないうちに500人の見学者が来て、そのうち200人が買う気満々だとする。「これでは、すぐに全戸が売り切れるだろう」と判定した不動産会社は、その場で広告を控えてしまう。これ以上お客さんを集めても、無駄だと考えるからだ。

以前、「住宅金融公庫」の融資があった時代、「公庫融資付き」の物件は、「多くの人に告知して分譲すること」が求められた。だから、売り切れ確実でも広告を出さざるを得ず、むやみに抽選倍率が高まることがあった。今では信じられない話だが、抽選倍率が1000倍を超えるケースがあり、100倍以上などざらに出現していたのである。

しかし、住宅金融公庫は2007年に廃止され（業務は独立行政法人「住宅金融支援機構」に引き継がれた)、現在は「多くの人に知らせて売るべし」という公的な縛りもなくなった。結果、売り切れ確実な物件は広告を控え、多くの人が「そんな物件あったの？　知っていたら買ったのに!!」と悔しがる事態が生じることになった。

そんな人気物件を逃さないためにはどうしたらよいか。確実なのは、各不動産会社の「友の会」に入り、会報誌を入手することだ。会報誌の情報が実は最も早く、超人気物件は会報誌の情報だけで売り切れてしまうことが多いのである。

◆狙い目物件の法則
マンションは高額住戸から売られる

分譲マンションは、全戸を一度に売るのではなく、何回かに分けて販売するのが普通だ。全100戸の規模なら。第1期で50戸を売り出し、第2期で30戸、第3期で20戸を売るという具合だ。このように、期分けして売るとき、最初に売られるのはどんな住戸か。ここにも、一定の法則がある。

分譲マンションは「好条件・高額な住戸」から売り始める。理由は、そのほうがいろいろと都合が良いからだ。

例えば、第1期分譲住戸の人気が高く、購入者が殺到してあっという間に売り切れたとする。この場合、不動産会社は第2期の価格設定を上げたい。このとき、第1期より安く売ろうと思っていた住戸が残っていれば、価格を上げやすい。もちろん、第1期より高く売ることはできない。でも、当初想定していた値段より若干上げることはしやすい。第1期で3LDKを5000万円で売り、第2期では3000万円にしようと思っていた場合、3000万円ではなく、4000万円にするわけだ。それで十分、利益は増える。

もし第1期の売れ行きが悪ければ、第2期は想定以上に安くする。3000万円の予定を2500万円にするわけだ。

これを逆にするとどうなるか。3000万円住戸を先に売り、人気が高いからといって5000万円住戸を6000万円にすると「吊り上げ」が分かりやすい。3000万円住戸の売れ行きが悪いとき、5000万円住戸を4000万円にしても、割安感が伝わりにくい。だから「好条件・高額な住戸」から売り始めるわけだ。

「多少高くてもいいから、好条件の住戸を」という余裕ある購入者であれば、第1期分譲が狙い目となるだろう。

◆狙い目物件の法則

見学予約が取りにくいと即日完売

分譲マンションは、販売センターで売られる。建物の模型やモデルルームを置き、完成前でも購入を検討できるようになっているスペースだ。

この販売センターは、マンションの規模に応じてサイズが決まる。総戸数が1000戸を超えるメガマンションであれば、販売センターも特大サイズの、体育館のような大型建物となる。総戸数50戸くらいの規模だと、販売センターも小ぶりで、ビルの中に間借りして開設されることもある。

いずれの場合も、人気が高く、「見学させて」という人が殺到すると、満員御礼となる。大規模マンションの体育館級販売センターでも、見学者が入りきれない事態が生じがちなのだ。そこで、多くのマンションは販売センターへの入場を「予約制」とする。1日に見学できる人数を限って、混乱を避けようとするわけだ。

この「予約」が取りやすいか、取りにくいかは、マンションの人気を推し量るうえで、貴重なバロメーターとなる。人気物件は、当然、予約が取りにくい。「1カ月先」とか、ひどいときは「3カ月先」などと言われることもある。

このように、予約が取りにくく、2週間より先の日時を指定されるとき、そのマンションの人気は非常に高いと判定される。「1カ月先」と言われたら、即日完売になる可能性が高い。「3カ月先」ならば、瞬間蒸発的に売り切れると思ったほうがよい。予約がとりにくいマンションほど、真剣に取り組んだほうがいい。

◆狙い目物件の法則

新築時の人気が中古価格を左右する

不動産が高く売れるかどうかは、「欲しい」人がどれだけいるかで決まる。当然ながら多くの人が「欲しい」と思う物件は、価格が高く維持され、値下がりしにくい。「あの立地のマンションは、今後、二度と手に入らない」などと評判になると、大変だ。希少価値が加わるので、さらに価格が高まり、新築時価格よりも中古価格のほうが値上がりする、という事態も出てくる。

都心の新橋駅近く、汐留の再開発エリアに立つ「東京ツインパークス」や品川駅に近い再開発エリアの「品川Vタワー」、渋谷駅と表参道駅の間に立つ「青山パークタワー」などは、リーマンショック以降の不動産低迷期でも値上がりを続けた希少なマンションである。

　このように中古になっても値下がりしにくい、さらには値上がりすることもあるマンションは、全て新築分譲時の人気が高かった。「値上がりするなら新築で買っておけばよかった」と思う人が多いだろうが、新築時も抽選に当たらないと買えず、簡単には買えない物件だったのだ。買えない物件だったからこそ、中古市場でも値上がりしているとも考えられる。新築時の人気ぶりで、中古価格が上がるかどうかまで分かるわけだ。

　そうなると2013年に分譲され、高倍率の抽選で売り切れて話題となった新宿区の「Ｔｏｍｉｈｉｓａ　Ｃｒｏｓｓ（富久クロス）」などは、今後、建物が完成した後も値上がり必至と判定されるのである。

◆狙い目物件の法則

駅近・再開発物件は高くても売れる

　2014年7月、びっくりするニュースが飛び込んだ。野村不動産が立川で売り出した「プラウドタワー立川」が第1期160戸を即日完売させた。びっくりしたのはその価格。平均で坪（3.3平方メートル）当たり340万円。この数字は、66平方メートルの住戸で

6800万円、80平方メートルで8000万円を超える水準であることを示している。ちなみに、2013年に新宿区内で分譲された超高層マンション「富久クロス」もほぼ同じ水準だった。

立川が新宿と同じレベル⁉　さらには、160戸もの住戸が一気に売れてしまったとは、まさにびっくりである。しかし、これは「史上初の出来事」ではない。実は、郊外エリアでもある種の条件を備えたマンションは値段が高くなりやすく、しかも売れ行き好調となる傾向があるのだ。

ある種の条件とは、「駅近」と「再開発」、そして、「商業施設併設」だ。川崎市の武蔵小杉はそうした高人気物件が集中している典型エリアで、江東区の豊洲や千葉の新船橋も同様、品川駅、新橋駅の再開発エリアも同じ傾向がみられる。この「駅近」「再開発」「商業施設併設」の三拍子そろったマンションは、中古になっても人気が落ちにくい。2008年のリーマンショック以降、不動産不況が続いたなかでも三拍子そろったマンションには値上がりを続けたものもある。

中古になっても値下がりしにくいから、それを踏まえて新築時の価格も高くなるわけだ。価格が高い分、建物のつくりや設備仕様のレベルを上げる。それがまた魅力となり好調に売れるという仕組みが生まれるのである。

◆狙い目物件の法則

「地域一番立地」は必ず売れる

不動産の世界には「地域一番立地」という言葉がある。各エリアで、「あそこは憧れの場所」と誰もが認める一等地のことだ。例えば、繁華街に近くて便利なのだが、江戸時代は武家屋敷が並んでいた場所で、今でも敷地の広い一戸建て住宅が並ぶ……そんな場所が、「地域一番立地」の代表例だ。

そのように、「誰もが認める一等地」にマンションが建設されると、間違いなく売れる。それも、最上階の最高額住戸から売れていく。その理由を説明しよう。

「誰もが認める一等地」にマンションがつくられると、地元の人間は気になるもの。「あの場所にマンションができるなら、買ってみたい」と思うわけだ。社会的地位があり、お金に余裕がある人であれば、なおさら買いたいと思う。その気持ちの裏には、「あんないい場所のマンションを他人に買われるのは悔しい」という独占欲が働く。

自分の街の最もよい場所で、最上階の住戸に他人が暮らす。その人間から見下ろされるのは嫌だという気持ちもあるだろう。それで、「最上階の一番高い部屋をくれ」となってしまう。そのように、地元の名士たちが興味を示してくれるので、「地域一番立地」のマンションは、多少価格設定が高くても売れる。価格を高くする分、建物のレベルを上げる。外観はみるからに高級に。キッチン設備には外国製品をちりばめる。それがまた、地元富裕層の購買意欲をあおるのである。

◆狙い目物件の法則

「第1号物件」はよく売れる

マンション業界には、「第1号物件」という言葉があり、「第1号物件は売れる」というセオリーが信じられている。

第1号物件というのは、そのエリアで初めて登場する分譲マンションを指す。「初めて」でなくても、10年ぶりとか20年ぶりに建設される分譲マンションも第1号物件に準ずる扱いとなる。要するに、新鮮な印象を与える新築分譲マンションが「第1号物件」になるわけだ。

その第1号物件は、確かに売れ行き好調となりやすい。理由は、「その場所のマンションを買って住みたい」と考えている人がたまっているからだ。どんな場所にも、「マンションを買いたい」と思っている人がいる。マンションだったら冬暖かく、夏は涼しいだろう。階段の上り下りなしで生活できるのがよい。鍵一つで出かけられて安心……さまざま理由で、「マンションが分譲されればよいのに」と思っている人たちがいるわけだ。

そこに第1号物件が出ると、「待っていました」とばかりに売れる。「地域一番立地」でしかも「第1号物件」だったりすると、それこそ、あっという間に売り切れてしまうことも多い。

そこまで売れ行きがよいと、続けて「第2号物件」が販売されるのが世の常。2匹目のドジョウを狙うわけだ。それも、まあまあ売れる。しかし、さすがに3匹目のドジョウまではいない、というのがマンション業界のセオリーとなっている。

◆狙い目物件の法則

キャンセル住戸は入居直前に出る

人気が高く、即日完売になったマンションには、「キャンセル待ち」が生じる。「購入を辞退する人が出たら私が買う」と、予約をしておくわけだ。

不動産市況が「回復」から「過熱」に移ろうとしている2015年現在。都心部では、キャンセル待ちが５００人というような超人気マンションも出ている。

では、肝心のキャンセルは出るものなのか。これが、けっこう出るのだ。マンションは契約から入居まで時間がかかる。「1年後に建物が完成して入居」というケースが多く、なかには入居まで2年以上待つケースもある。それだけ期間が空くと、事情が変わる人も出てくる。

変わるといっても、「待っている間に買う気がなくなった」というのはまれ。たいていは、「お金に関する事情が変わる」のである。なかでも多いのは、「想定していた住宅ローンが組めなくなった」ことと、「買い替えするために売り出していた家が売れない」。となると資金繰りが付かないので、新居の購入を諦めるケースだ。いずれも、新築マンションへの入居直前で、「やはり無理」となりがち。金融機関とのローン交渉や資金繰りでギリギリまでがんばって、最後の最後に諦めるわけだ。そこで、キャンセル住戸が出るのも、入居直前となってしまう。

キャンセル待ちに名前を連ねておいたが、なかなか連絡が来ない。もうキャンセルは出ないと思っていたら、突然、連絡が来た。それは、建物が完成し、引っ越しできる2週間前だった……そのようなパターンが多いのである。

◆狙い目物件の法則

緑に囲まれたマンションは人気

30年におよぶ住宅の取材経験を通して得た一つのセオリーがある。それは、「緑に囲まれたマンションは価値が落ちにくい」ということだ。

敷地内に樹木が多い。あるいは広大な公園に隣接している。そのように緑が身近で、樹木に囲まれているように見えるマンションは魅力が増す。そこに住む人は「このマイホームから離れたくない」と思い、マンションで育った子供たちも成人すると同じマンション内で中古住戸を買いたがる。つまり、売りに出されてもすぐに買い手が付く現象が起きて、希少価値が高まる。結果、中古になっても値段が下がりにくいわけだ。

東京都板橋区の「サンシティ」、埼玉県の「志木ニュータウン」、神奈川県川崎市の「パークシティ新川崎」などが好例。いずれも敷地内に緑が多く、駅にも近く、人気が衰えない。

敷地内に樹木が多いと、建物が古くなっても人気が落ちない――この法則を証明した元祖は、渋谷区にあった「同潤会青山アパート」。今は、「表参道ヒルズ」になっているが、新しい建物と軒を連ね、旧同潤会アパートの一部が復元されている。

「同潤会青山アパート」は70年以上経過していたのに、保存運動が起きた。それは表参道のけやき並木と一体化した風情が素敵だったから。建物が黒ずんでも、緑に囲まれていると、クラシカルなヴィンテージマンションに見える。髪がふさふさだと若く見られるように、マンションもまた生い茂る緑で魅力を増すのである。

◆狙い目物件の法則

「庭付き」より「駅近」が高付加価値

これは、私が考え出した法則。それも最新事情を加味した新法則だ。

昭和の時代、「不動産で頼りになるのは、なんといっても土地。庭付き一戸建てであれば、広い土地を所有できる。これは、土地持ち分が小さいマンションよりも有利である」という土地神話があった。それに対するアンチテーゼとして考え出したものだ。

「土地を所有することが、なんといっても強い」とされながら、現在の日本では、郊外で駅から離れた場所の一戸建てが売りにくくなっている。中古で売ろうとしても買い手が付かず、どうしても売りたければ、安くしなければならない。

それに対し、駅に近い場所のマンションはどうだろう。建物が古くなっても駅近マンションは売りやすく、駅前マンションであれば、中古価格が値上がりしているケースも少なくない。

もちろん、駅に近い場所に庭付き一戸建てを持っていれば、その価値は相変わらず高い。しかし駅から離れると、土地神話の威光が失せてくるのだ。そこから新たに、「駅に近いマンションは頼りになる（資産価値が下がりにくい）」という〝駅近神話〟が誕生した。

その背景には、少子化で住宅が余る状況になったことが挙げられる。実際、都市部にも駅から離れた場所では空き家が増えて問題となっている。この状況はますます深刻化するだろうが、そうであっても、駅に近い便利な場所に住みたがる人は絶えない。だから、「駅近」は資産価値が保たれやすい、という事情がある。

実際には「駅近」が何より大切とは思わないが、駅に近ければ資産価値が下がりにくい。少子高齢社会の進展で不動産市場が変化するなか、それは厳然とした事実なのである。

◆狙い目物件の法則

富士山・花火が見えると高価格に

ホテルの宿泊料金は、眺望の良い部屋ほど高くなるのが普通だ。誰だって、窓からの景色が良いところに泊まりたい。多くの人が宿泊を希望するから料金も上がるわけだ。

マンションの分譲価格も同様。同じ広さだと眺望の良い住戸ほど分譲価格が高くなる。同じ広さの住戸が1階から5階まで並んでいる場合、5階が最も高く、次が4階、3階と下がり、2階が最も安い。1階は専用庭が付くため、3階と同程度になりやすい（次項参照）。最上階の5階が南向きであれば、日当たり良好となるため、さらに分譲価格が上がる。

また、3階から上の住戸は海が見えるなど、眺望が変わる場合、「見える住戸」と「見えない住戸」で、価格設定が大きく変わることになりやすい。窓眺望は分譲価格を左右する要因になるわけだ。

眺望が良いために値段が高くなるのは南向きの最上階や、海が見える住戸だけとは限らない。西向きや東向き住戸でも、特殊事情で値段が上がることがある。

首都圏の場合、西向きだと富士山が見えるケースが多くなる。この「富士山ビュー」も人気が高く、価格設定が高くなる。夏には窓から花火大会が見えるという「花火ビュー」も価格押し上げ要因だ。年に1回しかない花火大会でも、「あら、いいわねえ」と思う人が多ければ、価格が上がってしまうのである。

ただし、浦安のテーマパークのように、毎日花火を上げていると、価格押し上げ要因にはなりにくいので、念のため。

◆狙い目物件の法則

割安を狙うなら2階住戸

マンションの分譲価格は、階数によって変わる。最も高い価格設定になるのが、最上階。そこから下にいくにしたがって価格は下がる。その価格差は、同じ広さの住戸で50万円から100万円。特に最上階はプレミア度が高いので、下の住戸との価格差が大きくなる。

下層階になるほど価格が下がりやすい――となると、最も割安なのは1階住戸ではないか、と思われがちだ。確かに、初期のマンションでは1階住戸が安かった。そして、安くしても、売れないという状況があった。

そこで不動産会社は、1階住戸の売り方を工夫した。専用庭を付け、1階住戸だけは床下収納を設けるなどした。その結果、1階住戸は特殊住戸扱いされるようになり、人気が上昇。価格も高くなった。

そうした経緯を経て、今や最も割安になるのは、1階住戸を除いた最下層住戸。つまり、2階住戸となる。2階住戸で北向きだったりすると、さらに割安。このように割安になると逆に人気が出て、最初に売り切れたりする。割安住戸を狙うなら2階を。それも早めに動くのが得策となる。

◆狙い目物件の法則

「価格」を早めに出す物件は割安

分譲マンションを購入するとき、価格は購入を決定する重要な要素。立地、つくりが抜群でも、価格が高すぎれば買わないし、多少難ありの立地・つくりでも価格が割安と判定されれば「検討してみようか」という気になる。価格次第で、決断は大きく左右されるわけだ。

ところが、この「価格」を、早い段階で発表する物件と、なかなか発表しない物件がある。両者にはどのような違いがあるのか。

一般的に、早めに価格を発表するマンションは、価格を抑えているケースが多い。価格の手頃さが第一のセールスポイント――逆にいうと、価格以外の魅力は乏しい場合、早めに価格を出すわけだ。逆に、なかなか価格を公表しない物件は、高めの価格設定になりやすい。人気が高いので、「想定した価格よりも高くしてみようか」と検討しているので、なかなか価格が表に出てこないという事情もある。

分譲価格は、一度表に出すと変更しにくい。そのため、安くしても早く売りたいと決断されたときは、最初に思い切り価格を下げる。いやいや、この物件は高くても売れると不動産会社が判定したときは、チャレンジ価格が設定され、おそるおそる発表されることになる。

以上から、早めに価格が発表される物件は要注意といえる。例えば、インターネット上に物件サイトが開設されたとき、そして販売センターがオープンした直後から価格が公表される物件は要注意。思い切った価格になるので、すぐに売り切れてしまう可能性が高いからだ。おそるおそる価格が出される物件は、購入者もじっくり検討してよいだろう。

◆狙い目物件の法則

専有面積が減ると片付かない家に

マンションの住戸内床面積を専有面積という。「この3LDKは70平方メートルです」とか、「80平方メートルです」というときの「70平方メートル」「80平方メートル」が専有面積。この専有面積が小さくなると、〝圧縮型〟と呼ばれる。3LDKで66平方メートル（約20坪）、2LDKで50平方メートル（約15坪）を切る面積だと、圧縮型間取りといえるだろう。東京23区内のように土地の値段が高い場所では、このように間取りを圧縮して、分譲価格を6000万円以内に抑えるケースが多い。

その価格ならば、何とか手が届くという購入者がいるし、購入希望者の多くが「都心に暮らせるなら、間取りは多少狭くてもよい」と考えがちだからだ。

圧縮型でも、居室の面積は必要にして十分な広さを取る。LD（リビングダイニング）で10畳、夫婦の寝室で6畳程度の広さは確保するわけだ。しかし、面積が小さいため、どこかを切り詰めないといけない。

切り詰める場所として目を付けられやすいのが収納スペース。クローゼットや物入れである。専有面積を圧縮し、クローゼットや物入れが小さくなると、結果として家の中が片付かない、という不満が出やすい。家の中を整理するため、タンスや収納家具などを追加すると、結局、居住スペースが狭くなってしまう。専有面積が小さくなると、収納がいじめられるのは、都心マンションで起きがちなセオリーであり、問題点。圧縮型の住戸を買うときは、その点を覚悟しておく必要がある。

◆狙い目物件の法則

目の錯覚にだまされない方法

これは知っている人が多いだろう。家が建つ前の更地（空き地）は狭く思える。こんな狭い場所に家が建つのかな、建ってもキツキツになるんじゃないか、などといぶかるほどだ。が、実際に家を建てると、きちんと収まってしまう。「この土地は案外広かったんだ」と思い直す。つまり、更地の状態だと狭く見えてしまうものなのである。

このセオリーは、実は室内にも当てはまる。家具が置かれていない室内は、実際よりも狭く見えてしまうのだ。だからマンションのモデルルームでは、必ず家具を置く。家具は部屋を飾るだけでなく、「狭く見えないように」という狙いもあって配置されるのである。

人によっては、「ソファやテーブルがあるので、本当の広さが分からない。家具のない部屋を見せろ」と言ったりする。が、家具なしだと比較するものがなくなるので、むやみに狭く見えるだけで、結局判断が付かないことが多い。もっとも、4畳しかない子供部屋に極小のベッドと机を置き、目の錯覚で広く見せようというケースもあるので、油断はできない。

そのようなトリックにひっかからないようにするには、一般的な家具の大きさを把握しておくとよいだろう。ベッドの大きさはおよそ1×2メートル。こうした基準値を知っていると、現実的な部屋の使い勝手が分かっていいだろう。

◆狙い目物件の法則

口コミ掲示板が超辛口になる理由

分譲マンションが新規で販売を始めたとき、インターネットサイトのマンション専用口コミ掲示板をのぞくと、やたらとマイナス評価が出やすい。分かりやすくいえば、「あんなマンション、ダメ」と書き込まれるわけだ。

そのような評価は商売敵が書き込むもの、と思われがちだ。競合する他物件の営業マンがせっせと悪口を書く……確かに、そのようなケースもあるだろう。しかし、多くの場合は一般の人、それもマンション建設地の近くに住む地元の人が書き込むケースが多い。

地元の人にとって、身近に大きなマンションが建設されるのは決して気分の良いことではない。日陰ができるし、眺望もさえぎられる。知らない人が大勢移り住んでくることへの不安感もある。

できれば、今まで通り、知っている人だけでの生活を続けたい。それが、素直な住民感情というものだろう。だから、どうしてもマンションに対する評価がキツくなる。

加えて、建設地の由来を知っているので、それを「披露したい」という心理も働く。「以前は田んぼだった」「戦時中、空襲で人が死んだ」、挙げ句のはてに「慰霊碑跡に幽霊が出る」……そんなことを書き込んでみたくなるようだ。

ともあれ、真っ先に書き込みするのは地元の人で、評価も厳しくなりやすい。そんな話をしたら、知り合いの女性が「医者と同じね」と言った。名医と誉れの高い医者でも、地元での評価は案外厳しいものになりがちだという。医者に関してはよく分からないのだが、ネット時代の口コミには、そのような地元住民の心理が働きやすいことは覚えておいたほうがいい。

「免震構造がベスト」ではない

東日本大震災以降、免震構造への関心が高まっている。地震の揺れを4分の1程度に軽減させる免震構造は確かに頼りになる。揺れの恐怖が軽減されるし、実際、家具の転倒や壁紙の剥がれも生じにくい。

そこから、「免震マンションが最良。採用していないマンションは劣る」という認識を持つ人も出ている。が、この認識は正確なものではない。正しくいえば、「免震構造は、場所と建物の形状によっては最良の手段となる」。つまり、免震構造を採用していなくても、地震に強いマンションはあるということだ。

例えば、地盤が強固であれば、大地震のときも揺れが小さいので、免震構造は採用されない。現に、地盤が固い場所に建設されている東京都庁も横浜ランドマークタワーも免震構造ではない。また、低層3階建てのマンションで免震構造を採用している例はない。3階建てならば、地震の揺れも小さいからだ。

結局、免震構造が採用されるのは、地震が起きたとき揺れが大きいと予想される場

所で、揺れやすい形状のマンション。揺れにくい場所、揺れにくい形状のマンションには採用されない。それらは免震構造でないからといって、地震に弱いとはいえない。

むしろ、免震構造が不要なほど地震に強いマンションということができる。実際、「最も地震に強いのは、地盤が固い場所に建つ低層のマンション」とされている。

◆狙い目物件の法則

チラシの太字で長所・短所を知る

新聞に挟み込まれる不動産のチラシ。マンションや建売住宅の広告だが、それを見るコツがあるのをご存じだろうか。一目で、物件特性が分かるコツである。

ポイントは、太い文字で書かれている言葉。それが物件の最大の長所となる。

例えば、「3LDKが1800万円台から」と書かれていたら、値段の安さがセールスポイントなのだなと分かる。駅から徒歩何分なのかが書いてなければ、「駅から遠い分、値段が安い物件」であることも読み取れる。一方で、「駅徒歩3分」と太い文字で書かれ、価格が表に出ていなければ、「駅に近い分、価格は高い」と読み取れる。

駅に近く、価格も安ければ「駅徒歩3分、3LDKが1800万円台から」という具合に、両方を太い文字でアピールする。その場合は、住戸の専有面積が小さかったり、不便な駅である可能性がある。つまり、太い文字で表される特徴は、その物件の最大のセールスポイント。そして、太い文字で表されない部分がウイークポイントになるわけだ。

現在、不動産広告は公正取引委員会が厳しく監視しており、ウソを出すことは許されない。しかし、長所を目立つ文字で載せ、短所を小さな文字で書くことは許容範囲。だから、そのような読み取りテクニックが必要になってくるわけだ。

◆狙い目物件の法則

新興住宅地は悪口が出る間が狙い目

新しく開発された住宅地（新興住宅地）は、開発が始まったばかりの頃は賛否両論が出るものだ。「あそこはいいね」と言う人がいるし、「あんなところ、ダメだ」と言う人も出てくる。

これは、どんな住宅地でも起きる現象だ。大正時代から昭和にかけて開発された、当時の「新興住宅地」である田園調布や国立でも賛否両論が出た。「あんなところダメだ」という人が少なくなかったために、最初は必ずしも売れ行き良好ではなかった。

現在、人気エリアになっている湾岸の豊洲周辺も、横浜の港北ニュータウンも、そして武蔵小杉の駅周辺再開発エリアも、当初は悪く言う人がいた。その結果、分譲が始まった直後は売れ行き良好とはならなかった。そのために価格が抑えられていた。ここがポイントである。

人間は新しいものに興味をひかれる半面、今までにないものを受け入れたくないという保守的な気持ちも持っている。異質な物を排除したくなる本能である。だから、新興住宅地には賛否両論が出てしまう。ところが、開発が進むと、悪く言う人が減る。見慣れてきて、受け入れ始めるのだろう。

多くの人が認め始めると、魅力が増し、「住みたい」という人が増加。今度は分譲価格が上がり始め、最後は恐ろしく高額化する。だから、私は賛否両論があるうち、言い替えれば悪くいう人がいるうちが、安く買える時期、つまり買い時だと考えている。

◆購入心理の法則

金を出さない親が口を出す

わが子がマイホームを買うとき、親は口を出したくなる。「そんな場所に家を買って大丈夫か?」「値段が高すぎやしないか?」。そのような口出しは、資金援助をする親ほど多くなる、と思われがち。お金を出す分、口を出すことも多くなる、と考えるわけだ。

ところが、実際に販売の現場を見て回ると、たっぷり資金援助をする親は案外無頓着。「おまえが気に入れば、それでいい」と鷹揚に構えるケースが多い。むしろ、お金を出さない親ほど口出しが多い。販売センターまで付いてきて、購入する本人よりも多く質問するような親は、お金を出していないか、出してもわずか。それは「お金は出せないが、せめて子供が失敗するのを防いでやろう」という親心なのだろう。親からすれば、余計なお節介を焼いている気持ちはさらさらない。心から子供のことを心配しているだけなのだ。

ただ、親世代のアドバイスは必ずしも最新の住宅事情にマッチしたものではない。

例えば、以前は「マンションで一番よいのは南東角住戸」とされ、今もそう信じている熟年世代が多い。ところが、今の若い世代に人気なのは南西角住戸。昔は夏の西日が暑いと敬遠されたが、今は窓ガラスの性能が上がって西日の暑さが解消。午後も明るいことで評価が変わったわけだ。

このように的外れでも、親に心配してもらえるのは幸せといえる。だから、子供も親の意見に耳を傾ける。それで、迷いが大きくなったとしても……。

◆購入心理の法則

資産価値を重視する女性が増えた

家を買うとき、資産価値を気にする人は少なくない。将来高く売れるか、高く貸せることを意識して、将来値上がりしやすい物件を買いたがるわけだ。

一方で、住み心地や外観の印象を重視する人もいる。一生住み続けて売却しなければ、お金に換算する資産価値は何の意味もない。それよりも住んでいる間、家族が満足でき、「この家に住めてよかった」と思えるかどうかのほうが大事。そういう家を選んだほうがよいという考え方だ。

従来、男性は資産価値を重視する人が多く、女性は住み心地や印象を重視する傾向が強かった。ところが、この2、3年、男女の立ち位置が逆転してきた気がしている。

販売センターで資産価値を気にする女性が増え、男性が「将来の値上がりよりも、住み心地を重視しようよ」と言っている場面に出くわすことが増えたのだ。

これは、「女性が最終決断をする」というケースが増えた結果ではないか。昔は、住宅購入の最終決断は男の役目とされた。しかし、今は妻が首を縦に振らないと事が決まらない、という傾向が強まっているようだ。

最後に決断をする立場になると、失敗したときに責任を問われる。だから、保守的になり、お金の面で失敗しない物件を探そうとする。一方、最後の決断を相手に任せると、気楽にお金以外のことを考え始める。この立場が逆転し始めたので、資産価値を気にする女性が増えたのではないか、と私はみているのだ。

◆購入心理の法則

高くなると買いたくなる不思議

値段が安い時期と、高い時期のどちらでマイホームを買いたいか。誰だって、安い時期に買いたいと思う。わざわざ高い時期を選んで買うことはないと考えるはずだ。ところが、実際には、安い時期は買う気にならない。値上がりしている時期のほうが購入意欲は増すのである。なぜそういう現象が起きてしまうのか。理由を説明しよう。

「安い時期」は、家が売れない時期。マンションも建売住宅も客が減るので、値段を下げざるを得ない。そのような下降の時期には「まだまだ下がる。今はまだ買うな」と言われ、購入意欲が下がる。

さらに、値下がりしている局面では、同じ予算で購入できる物件が多くなる。あれも買える、これも買える。どれを買ったらよいか決められない、という現象も起きる。経済学でいうところの「選択肢が多いと決断できない」という状況となり、これも購入に踏み切れない理由となる。

一方、家の値段が上がるときは、購入者が多い時期だ。われもわれもと買い手が増えるので、価格が上昇。多くの人が買いに走ると、つられて買いたくなる。そのとき、身近に物件がないと、ますます買いたくなる。

買う気がないときは、どんなに勧められても気持ちは動かない。が、「欲しい！」という気持ちが燃え上がったら、今度は止まらない。だから、無理をしてでも買ってしまう。

今、不動産市況は上昇基調となった。これから無理をしてでも買いたくなる時期となるので、住宅購入はくれぐれも慎重に。

◆購入心理の法則

家余りなのに高額物件から売れる

今の日本は、少子化が進み、すでに住宅は余っている。だから、新築住宅を買う人が減っている。ところが、都心マンションには、売れ行き好調物件が多い。なぜだろうか。

調べてみると、分譲価格1億円を超える都心高額物件を買う人の多くは、〝持ち家〟族。すでにマイホームを持っており、その家を持ち続けたまま、都心マンションを買う〝買い増し〟派なのだ。

すでにマイホームを持っていながら、二つ目の家を買う理由は、ズバリ「将来値上がりする可能性が高い」からだ。二つ目の家は都心の住まいとして活用したり、子供夫婦に住まわせたりする。何年か活用した後、中古で売却すれば、値上がりする可能性がある。もしくは高い家賃で貸せる。「だったら損はない」と、購入を決めるわけだ。

たとえ日本中で住宅が余っていても、「絶対もうかる」と太鼓判を押されれば、追加でマンションを買ってしまう。これは富裕層だけでなく、私たち庶民にも起き得る動きだ。

昭和の高度成長期、住宅はどれでも値上がりした。10年暮らして売却すれば、買ったときより高くなった。だから、大勢の人が迷うことなくマイホームを買った。

購入モチベーションは「得」によって刺激される。得をするのなら、誰でも積極的に買いたがる。しかし、今は、物件によって値上がりするものとそうでないものに分けられる。値上がり確実なのは、都心マンションや郊外の駅近マンション。だからそれらは、値段が高くても売れてしまうのである。

◆購入心理の法則

郊外は「収納」、都心は「天井高」

マンションを買うとき、多くの購入者が重視するポイントがある。駅に近いか、静かか、リビングが広いか……それらはどんな場所のマンションでもチェックされるポイント。ところが、場所によって重視ポイントが変わってしまうことがある。その代表が、収納スペースの量と天井高だ。

「住戸のなかに、どれくらい収納スペースがあるのかを真っ先に調べ、収納スペースが多ければ多いほど喜ぶ」——これは、郊外のマンションで多く見られる傾向。だから、郊外マンションは収納スペースを多くし、モデルルームを案内する営業マンも、「この収納スペースはこんなに大きい」とか、「ここにも収納スペースがあります」と収納の充実ぶりをアピールする。郊外では4人家族や5人家族の比率が高いため、より収納が重視されるのだろう。

これに対し、1人から3人までの家族が多い都心部では収納スペースに対する関心が郊外ほど高くない。「収納スペースが多くても、いらないものをため込むだけ」と考える人さえいる。だから、収納に関する説明はさらりと行われる。

一方で、都心マンションでは「天井高」を気にする人が多い。なるべく天井の高い住まいを好み、天井の一部が低くなっている「下がり天井」に眉をひそめる。さらに、キッチンや浴室の天井が高いと、ことさら喜ぶ。都心部は建物が密集し、圧迫感を感じることが多い。だから、開放的な住まいを求めるのかもしれない。

◆購入心理の法則

高度成長期はマンションがブームに

日本は昭和30年代から40年代まで高度成長期が続いた。毎年基本給が10%程度上がり、物価も同様に上がった。それに伴い、家電製品や車の所有率が高まって、生活が豊かになった時代である。

当時、住宅ローンの金利は安くて7%。9%や10%を超える金利も存在した。高い金利で住宅ローンを組み、苦労して返済を行い、10年後に家を中古で売ると、買ったときよりも高くなった。

そんな時代はマンションもよく売れた。毎年の販売戸数が現在の倍くらいあった年も少なくない。当時は、借家暮らしの家族が多く、マイホームへの憧れが強くあった。だから、驚くほど多くのマンションが売れ、値上がりもしたのだ。

高度成長期の国では中産階級の住宅需要が爆発的に増大し、マンションが飛ぶように売れる。なぜ、そのような過去のセオリーを書いたのかというと、今、タイのバンコクで日本の不動産会社が分譲したマンションが大人気というニュースに接したからだ。

1200戸を超える住戸が、勢いよく売れている。販売開始の2日前から並ぶ徹夜組が出た物件もある。日本の高度成長期を思い出す現象である。50平方メートル未満の小ぶりの住戸が、日本円にして500万円くらいで分譲されている状況も、昭和30年代の日本と同じ。高度成長期にあるアジア諸国で、かつての日本で起きたマンション市況が再現されようとしているのかもしれない。

◆購入心理の法則

マンションは盆と正月休み明けに売れる

日本では高度成長期は昔話になって、今は少子高齢社会、地方では家余り現象が目立つ。そんな日本の不動産市場に、新たな法則が生まれつつある。「マンションは盆と正月休み明けに売れる」というのは、ここ数年顕著になった動きから私が見いだした法則だ。

マンションを買うファミリー層は、お盆と正月休み明けから動き出す――それには二つの理由があると考えられる。

一つは、夏と冬のボーナスの後であるから。アベノミクスで景気が上向いたとされるが、民間企業の基本給は上がっていない。基本給を上げずに、ボーナスで調整しようという企業が多いためだ。その結果、ボーナスで懐が温かくなる盆と正月にマイホーム購入に前向きになるわけだ。

二つ目の理由は、盆と正月に親の後押しが生じるから。日頃、親と疎遠のファミリー層も、盆と正月くらいは実家に帰る。そのとき、親から「そろそろ家を買ったらどうだ」という話が出る。「子供が家を買う場合の資金援助は、贈与税を払わないでよい」という贈与の特例枠が大きい現在、その特例枠を利用して遺産の前渡しをしたいと考える親もいるだろう。そこで、盆と正月は話を切り出す絶好のチャンスとなる。

親から背中を押され、資金援助の話も出れば、若い夫婦もその気になる。だから、盆と正月の休み明けからマンションのモデルルームに出かける、というわけである。

近年、マンションの販売センターは、正月3日から営業開始するケースが多い。なかには、2日から開けるところもある。正月の2日でも3日でも、開ければけっこう客が来るからだ。

◆購入心理の法則

少子化でも大都市圏は値崩れしない

日本は今後も少子化が進んで人口が減り、さらに家が余るようになる。だから、もう家を買わないほうがよい、という意見がある。この理屈はシンプルで分かりやすい。分かりやすいから信じたくなるのだが、さてどうだろう。

分かりやすい理論が、必ずしも正しくないという例を、一つ挙げてみよう。

かつて、トマトの水耕栽培付き住宅というものが売り出された。最新の水耕栽培装置を家に付け、誰でも簡単にトマトを収穫できる。そのトマトを出荷すれば収益が得られ、ローン返済が楽になるという理論である。

ところが、実際は違った。簡単にトマトを栽培できる装置が生まれると、プロの農家はその装置を使ってトマトを大量栽培する。するとトマトの相場が崩れて、安くなり、個人がつくった少量のトマトには買い手が付かない。結局、家族でトマトを食べ続け、ローン返済は楽にならなかった。

最近の例では、「太陽光発電により、売電収入でローン返済を軽減させる」というものがある。このアイデアが出たときは、売電での利益が高く見積もられた。しかし、実際は売電が広がるとともに、買い取り価格が低下。もくろんだ利益が見込めなくなった。シンプルな理論で予測しても、実際の世の中は複雑に動いていくのである。

少子化による影響も同様。少子化で家が余るのは過疎地や、都市部でも通勤の交通の便が悪い場所。その結果、「過疎地はますます過疎化し、大都市圏への集中が進む」というのが、現実的な動きだろう。

すでに、地方では空き家問題が深刻化し、「空き家バンク」などの仕組みを使い行政主導で住む人を探している。その一方で、少子化により人口が減っても、東京や大阪の中心地は「住みたい」という人が多いので、住宅は値崩れしない。都心は強いのである。

◆購入心理の法則

外観の見栄えは売れ行きに直結

　近年、分譲マンションは、外壁にタイル張り部分やガラス面を多くし、エントランスには大理石や御影石など自然石を用いることが多くなった。それは、「外観とエントランスは、マンションの資産価値を左右する」ことが分かってきたからに他ならない。

　見栄えのよい外観、エントランスは将来、中古で売ろうとするときに有益な要因となる。というのも、中古物件を探している人は、見栄えのよい外観・エントランスを見て、気持ちが前向きになるからだ。逆に、薄汚れた外観、安っぽいエントランスを見ると引いてしまい、「室内を見るまでもない。他の物件を見に行こう」という気持ちになってしまう。

逃げ出そうとする客を捕まえ、「なんとかうちの住戸を買ってください」とアピールするためには、値段を下げる必要がある。「見てくれが悪い分、周りよりも安くします」となる——つまり、見栄えの悪い外観・エントランスのせいで、資産価値が下がってしまうわけだ。

その点、見栄えのよい外観・エントランスならば、値引きをすることなく、言い値で売りやすい。また、中古で売る気がなくても、見た目や入り口が美しいと居住者は気分が良い。住み手が誇りを持って毎日を過ごせるという意味でも、外観、エントランス、敷地内の緑は資産価値を左右する要素になると考えられる。

自然石とタイル、ガラスは、経年変化を起こしにくく、むしろ風格を増す素材。だから、マンションでの採用例が多くなったのである。

◆購入心理の法則

建設現場を見れば仕上がりが分かる

「建物のよしあしは、建設中の現場を見ればおおよそ分かる」というのは、不動産業界で昔から言われているセオリー。当然ながら整理整頓が行き届き、きれいな工事現場が高評価である。現場がきれいだと、仕上がりも良好になる。逆に、工事現場が乱れていると、仕上がりの良さは期待薄。それどころか工事ミスが発生する不安も生じる。

洋の東西を問わず、昔から「腕の良い職人の仕事場はきれいだ」と言われる。整理整頓がまめな職人ならば、腕も良い。おそらく物づくりの才能に恵まれた人は、乱れた作業場を許せないのだろう。几帳面さと整理整頓能力は比例する、といったところか。

これは、マンションや一戸建ての建設現場も同様で、几帳面な現場監督が差配する現場は整理整頓が徹底し、気持ちが良い。整理整頓のためにある程度の時間を費やすことになるのだが、その分作業時間が短縮され、事故を防ぐ効果も生まれる。最終的には、工事時間が短くて済む結果につながる。

だいたい腕の良い職人ほど、作業時間は短い。のろのろと時間がかかる職人は、仕上がりが粗雑。腕の良い職人は作業が早い分、その日の清掃や明日の準備に時間をかける。その結果、翌日の作業がはかどり、予定の仕事が早く終わる。それで、清掃や準備に割り当てる時間が多くなる……好循環により、工事現場がきれいになるという仕組みである。

最近、あえて工事現場を見せ、「きれいでしょう」とアピールするマンションや一戸建てが増えた背景には、そんな理由がある。

◆購入心理の法則

「青田売り」が減らないわけ

日本の分譲マンションは、建物ができあがる前に販売される。いわゆる「青田売り」だ。建物ができる前なので、当然、実際の建物を見ることはできない。建物の形や色は完成予想図や完成予想模型を見て、想像する。

想像して、「これは良い」と判定すれば、契約を行う。その後、予想通りの建物ができていればよいが、万一、予想を裏切る外観だったら問題だ。

ところが、30年も住宅の取材を続けていて、「建物の外観が予想より劣る」という騒動を見聞きしたことがない。「窓からの眺望が予想と異なる」「予想してなかった音や臭いがする」という訴えなら、いくつかあった。しかし、外観に関して予想を裏切られたというケースは起きないようだ。

私自身、完成した建物を見て、がっかりしたことがない。できあがったマンションの建物は、いつも完成予想図や模型よりも見栄えがする。「実物のほうが、数段良い」ということになるのだ。

その理由は「マンションは巨大である」ことにあるのだろう。横幅が100メートルを超える大規模マンション、高さが200メートルに達する超高層マンションは、スケールの大きさだけで見る者を圧倒する。その圧倒感が小さな完成予想図や模型のイメージを吹き飛ばしてしまう。「やっぱり、本物は迫力が違う」となるため、本物を見てがっかりする人がいないのではないか。

マンションは、実物が完成予想図や模型に勝るものなのである。

◆購入心理の法則

家は理屈よりも気持ちで決める

「2LDKより3LDKのほうが中古で売りやすい」「駅徒歩10分の物件より、駅徒歩3分のほうが値下がりしにくい」など、マイホームを購入する際、とにかくデータを重視する人がいる。駅ごとの利回りや中古相場を調べたりするのも、理屈やデータ重視の購入法の特徴だ。それも一つの考え方だが、実際に決断するときはどうだろうか。「理屈では駅前がいいのだろうが、オレは駅から歩いて10分だけど公園の横のマンションが好きだな」

「私も公園の横のほうが、ほっとする」ということになりがち。直感や気持ちを最終決断の拠り所にすることが多いのだ。

人によっては「建物の色とデザインが好きだから、こっちにする」というケースも。一生に一度か二度の大きな買い物を「気分」で選んでいいのかと、思うかもしれない。

それでよい、と私は思う。家だけでなく、衣食住は全て本能に左右される、と考えるからだ。多くの人は、食事もファッションも理屈より気持ち優先で決める。「こっちのほうが体に良い」と言われても、嫌いな物には箸が伸びない。食べたいものを選んでこそ、満足できるのだ。

家も同様である。本能的に「好きだ」と思える物件を選べば、住み始めてからも満足度が続く。一生楽しく住み続ければ、中古で売ることはない。だったら、中古で売ると値下がりする物件だったとしても、問題ないといえる。

◆購入心理の法則

海辺の家は春に埋まり秋に空く

「海が見える家」に憧れる人は多い。日を浴びてキラキラ光る水面、波の音、海風が運ぶ潮の香り……それらに囲まれた生活に憧れるわけだ。

その結果、海が間近な分譲住宅、賃貸住宅は価格設定・家賃設定が高めになる。神奈川県の場合、大船よりも江ノ島の物件のほうが高額になりやすいのだ。大船なら、3LDKのマンションが3500万円くらいで購入できるのに、江ノ島で海岸通りに面した場所のマンションは3LDKで4000万円以上になりがちである。

都心部への通勤を考えれば、JR東海道線が使える大船のほうが圧倒的に有利。通勤通学時に電車に乗っている時間は、30分以上違うのではないか。それでも、江ノ島周辺に高額物件が多いのは、「シーサイド」の魅力のなせる業だ。

ところで、都心湾岸エリアはシーサイドではなく、ベイサイドとなり、波打ち際は人工のものしかない。東京の通勤圏でシーサイドを探すと、意外に数が少ない。希少価値が高いので、住宅の値段も高くなってしまうのだろう。

その魅力あるシーサイドで家を探す人は、春から夏にかけて増え、秋風が吹くと同時に減る。賃貸住宅では、秋から冬にかけて退去する人が多くなる。空いた部屋に春になると新しい入居者が入る……海が魅力的に感じるのは夏で、住宅探しの動きが行楽客と同じになるのだ。そのため、夏直前に海辺の家を探そうと思うと非常に苦労する。むしろ、冬が物件探しの好機となる。

◆不動産投資の法則

海辺の〝砂かぶり〟賃貸

ちなみにここで一つ、興味深いエピソードをご紹介しよう。

「海が見える家」に憧れる人は多い。朝起きてカーテンを開けると、青い海原が広がっている。カモメの鳴き声も聞こえる……そんな生活に憧れるわけだ。

山梨県から、東京の大学に入学し、東京で就職した独身のAさんもその一人。海のない県に育った反動で、上京して以来、とにかく海が好き。東京、千葉、神奈川の海を回り、海辺の賃貸を物色した。なかでも第一希望は、ＪＲ東海道線辻堂駅か小田急江ノ島線片瀬江ノ島駅のエリア。都心への通勤が可能で、海まで歩ける賃貸住宅が多い。しかも、徒歩圏の海で泳ぐことができる場所だ。

「空き家が出たら借りたい」と地元の不動産仲介会社に声を掛け、待つこと1年。砂浜から道路を渡ってすぐの賃貸マンションに空きが出た。もちろん海は目の前、それも海と同じ目線の1階住戸。１ＤＫで家賃12万円、敷金２カ月・礼金２カ月と高めだが、車もリッチな外食も諦めて借りることにした。

4月に引っ越してしばらくは有頂天。窓を開けると砂が入ってくるのも、「さすが海辺」と喜んでいた。窓が潮風でベタつくのさえ、いとおしい。しかし、半年もすると、気持ちが冷めてきた。掃除しても掃除しても侵入してくる砂が憎らしく見える。ベタつく窓も不快。外に止めていた自転車もいつのまにかさびている。

思い切って都心に引っ越したとき、「そういえばまわりの入居者も1年か2年で引っ越している」ことに気が付いた。憧れて海辺に住むが、すぐに逃げ出す人が多いのだ。砂、潮風だけでなく、夏場の混雑にへきえきする人もいる。

しかし空き家になっても、すぐに次の入居者が入る。家賃が高く、礼金が2カ月分だから、大家はもうかって仕方がないはずだ。Aさんは今では、自分も海辺にマンションを買って賃貸経営してみたいとひそかに夢見ている。

◆不動産投資の法則

地方都市では高い賃貸が人気

マンションの分譲価格は、東京の中心地が日本で一番高額になり、次いで大阪の中心地、名古屋、福岡、札幌、仙台など地方の大都市中心地が続く。

福岡、札幌の中心地に建つマンションは、3LDKが4000万円台、5000万円台で購入できるケースが多いので、首都圏でいえば、横浜市内やさいたま市内、船橋市内で駅から少し離れたマンションと同レベルといったところになるだろう。首都圏と比べると、だいぶ安いのである。

ところが賃貸を借りようとすると、3LDKの家賃は13万円~15万円の、やや高めのものが目立ち、18万円でも借り手が付いたりする。首都圏と変わらない印象だ。その背景には転勤の賃貸事情がある。

転勤で東京から地方大都市に移り住む人は、東京と同じような家賃で賃貸マンションを借りようとする。東京と同じ広さの家を東京よりも安い家賃で借りることもできるのだが、それをしない。「家賃補助もあるのだから、東京並みの家賃で、東京では住めないような家を借りよう」と、よりリッチな住まいの選択をしがちだからだ。

これは福岡や札幌だけでなく、仙台や名古屋でも起きる現象。そのため、福岡、札幌のような地方大都市では、新築マンションを買って賃貸に出すと、高い利回りを稼ぐことができる。首都圏では、「単純利回りで3%から5%」程度になりがちだが、地方大都市では、8%以上というケースも珍しくない。

地方大都市は、実はマンション投資の狙い目エリアなのである。

投資家は最悪条件の住戸を狙う

マンションには、条件の良い住戸と悪い住戸がある。超高層マンションの最上階で、南と東を向いた角住戸……これは、条件の良い住戸だ。超高層マンションの2階や3階などの下層階で、北向き、しかも目の前が高速道路……そうなると、誰もが認める「条件の悪い住戸」になる。そんな条件の悪い住戸を、いったい誰が買うのだろう、と考えがちだ。

ところが実際に売り出すと、これが意外に売れる。マンションのなかで、最初に売り切れたりする。理由は、分譲価格が安く設定されるため、投資家が喜んで買うからだ。

誰が見ても、条件の悪い住戸は思い切り安くしないと買い手がつかない。だから、割安で売り出される。ところがその住戸を購入し、賃貸に出すと、別の評価が生まれる。「あの目立つ超高層マンションの賃貸物件ですよ」となるわけだ。賃貸でも、住めば、マンション内の共用施設をほとんど利用できる。何より、目立つマンションに住めて気分が良い。

そのようなメリットがあるため、「法人限定」などの制限を付けることもできる。社宅として借り上げてもらうなど、借り手を選別しやすくなるのだ。つまり、安く買えて、有利に貸せるので、「投資物件として、おいしい」と判定され投資筋が狙うので、あっという間に売り切れてしまうことが多いのだ。

不動産投資家は、目立つマンションの割安住戸、つまり条件の悪い住戸を好むのである。

◆不動産投資の法則

分譲マンション割安住戸の魅力

不動産投資家は、自ら住む目的でマンションや一戸建てを買う人（実需層と呼ばれる）とは、別の観点で物件を品定めする。人に貸す（つまり自分は住まない）目的で購入するため、過剰な設備や、華美な装飾は不要。必要最小限のつくりで、なるべく安く売られる物件を好む。

それは、価格の高い物件を買っても、高い家賃で貸せるとは限らないからだ。賃貸住宅に住む人の多くは、無理な家賃を払おうとしない。できるだけ抑えた家賃で、必要十分な住まいを探そうとする。そうした需要のもと、各エリアには相場家賃というものが存在する。「この場所ならば、3ＬＤＫで13万円、ワンルームだったら7万円」などと、上限が決まっているわけだ。

家賃の上限が決まっているなかで収益性を上げるには、価格の安い住宅を買うしかない。しかし、あまりにチープな住まいでは借り手が付かない。借り手は、「家賃は抑えたいが、質の良い住まいに住みたい」と思う。

つまり、不動産投資家にとって理想の投資物件は、「安く購入できて、質の高さをアピールできる」物件。その条件にぴたりと当てはまるのが、分譲マンションの割安住戸だ。日当たりに難があり、騒音問題があっても「分譲タイプ」であれば賃借人が集まりやすい。「賃貸向けにつくられた安普請住宅ではありません。分譲用につくられているので、居住性が高いですよ」という売り文句が響くわけだ。それもまた、分譲マンションの割安住戸が、投資筋に目をつけられ、あっという間に売り切れやすい理由になっている。

◆不動産投資の法則

利回り「5％」と「3％」の違い

不動産投資家にとって何より大事なのが、「利回り」だ。「利回り」とは、投資した金額に対して、1年間に稼ぎ出す家賃収益の比率。1000万円で購入したマンションが1年間に50万円の家賃収入をもたらすと、50万円÷1000万円で、利回りは5％となる。このように、経費等を勘案しないで計算する利回りを単純利回りとか、表面利回りという。単純利回り「5％」が、不動産投資の分岐点とされ、5％より高い利回りが期待できれば、その物件は優良。しかし、5％を下回れば、収益性が低いと見なされる。これが、不動産投資における物件見極めの基本だ。

純粋に投資目的で物件を購入する場合は、「利回り5％以上」を目安にすればよい。問題は、自ら住む目的と投資が半々の場合。例えば、しばらくは自分や家族が住まいとして使い、10年後くらいに人に貸そう、と考えているときだ。

その場合、自分や家族が住んでいる間の居住性も重要。ある程度、日当たりのよさや遮音性、設備の充実度も求められる。つまり、居住性の高さも必要になるわけだ。

居住性の高い住宅を買ってしまうと購入価格が上がり、賃貸に出したときの利回りが下がる。それは仕方のないことなので、「利回り5％」は求めず、「3％」程度の利回りでよしとするのが一般的である。

◆不動産投資の法則

投資家は2軒目に手を出す

近年、副業で不動産投資を行うサラリーマンが増えた。いわゆる「サラリーマン大家さん」だ。

サラリーマン大家さんが増える理由の一つが、節税効果。ワンルームマンションなどの投資物件を、住宅ローンを組んで購入すると、当初は赤字になる。その赤字分で、サラリーマンとしての給与所得にかかる課税額を減らし、税金の還付を受ける。税金還付は、給与所得が大きい人ほどうれしい。サラリーマンの場合、必要経費は基礎控除以外認められていないので、税金は一方的に取られるだけ。そのため「税金が戻ってくる」ことに、この上ない喜びを感じる人もいる。

取られ放題だった税金が戻ってくるうえ、会社勤めをしながら行えて、定年退職後は家賃収入が生活の支えになる。これがサラリーマンに不動産投資が受けている理由だ。

この不動産投資で、怖いのが「空室リスク」。賃貸物件が空き、家賃収入が途絶えることだ。家賃収入が途絶えても、ローンの返済は止まらない。このリスクを回避する王道は、複数物件を所有することだと言われている。ワンルームを2軒持っていれば、1軒が空室になっても、1軒分の家賃は入ってくるので、少しは安心。3軒ならば、なお安心というわけだ。

そのため、「1軒でよい」とマンション投資を始めたサラリーマンも、やがて2軒目、3軒目を買うケースが多い。それが、近年目立つ現象である。

第3章

不動産の新常識

——トレンドは刻々と変化し続ける

住宅は、めったにない大きな買い物。
それなのに「今、どんなトレンドか」が分かりにくい。
後悔しないためには、「現在の常識」をきちんと踏まえる必要がある。
「今後の動き」まで目を配ることができたら、申し分なしだ。

◆暮らしやすさの新常識

広いマンションは100平方メートル以上?

マンション住戸の広さには目安がある。2LDKならば60平方メートル程度、3LDKならば75平方メートル程度といった、業界標準的な基準値だ。

そうした目安の一つに、「ゆったりした3LDKは100平方メートル以上」というものがあった。専有面積が100平方メートル=約30坪あれば、欧米並みのゆとりある暮らしができる、と考えられ、実際、公団(現・UR都市機構)のニュータウンでは、100平方メートル以上の住戸が積極的につくられてきた。

そんな背景から、「マンションの理想は100平方メートル住戸」という認識が形づくられたのだが、それは20世紀の話。

21世紀に入ったあたりから異なる考えが生まれ始めた。「100平方メートルを追求すると、分譲価格が高くなる。管理費・修繕積立金の割り当ても上がる。だから、85平方メートル程度で100平方メートル相応のゆとりが生まれるように工夫したほうが、ずっとよい」という発想だ。

その結果、生まれたのが、「柱の外出し」。住戸内に食い込んでいた柱の出っ張りを住戸の外に出し、室内の有効面積を広げる建築手法である。四隅の柱4本を外に出せば、3〜4平方メートルくらい有効面積が広がる。さらに、廊下を短くして2平方メートル程度節約することができる。LDとキッチンを一体化させることでも、視覚的にLDが1〜2平方メートル広がる。

建築技術と設備機器の進化が面積の節約を実現し、「85平方メートルでも、ゆとりある住戸」を生み出した。最新マンションは、85平方メートルでも十分にゆったりしているのである。

◆暮らしやすさの新常識

丸見えキッチンは暮らしにくい？

最新マンションに設置されるキッチンの主流はオープン型――LDと一体化し、開放的なキッチンだ。このオープン型キッチンは、昭和の時代、マイナーな存在だった。リビングから丸見えになるので、絶えずきれいにしていなければならない。それが面倒だと嫌われたのである。

ところが今は、オープン型が主流。理由は、調理が孤独な作業にならない点にある。加えて、調理中も小さな子供の様子をみやすい。キッチンが組み込まれることでLDが広い印象になるなど、いろいろな長所が生まれる。

また、丸見えになっても困らない仕掛けも生まれた。そこがポイントである。最新のマンションでは、キッチンが丸見えになっても困らない工夫が三つある。

まず、シンク（流し）に生ゴミがたまらないように、ディスポーザーを設置する。加えて、食器洗浄乾燥機を設置。これに汚れた食器類を入れてしまえば、食器がシンクに積み重なった様子を目にしないで済む。

もう一つ、シンクが静音設計（サイレントシンクともいう）になっていれば、水を流す音が小さくなって、テレビ鑑賞を邪魔しない。つまり、リビングのくつろぎを守りやすくなる。

私は、これらの設備を「オープン型キッチンの三種の神器」と呼んでいる。三種の神器の登場により、日本のマンションにオープン型キッチンが増えてきたのである。

◆暮らしやすさの新常識

「3LDKに限る」はもう古い？

昭和の時代、分譲マンションというと、3LDKの間取りが主体だった。3LDKが7割で、ワンルームが1割。4LDKも1割で、2LDKと1LDKを合わせてせいぜい1割——これはしっかりした調査データではなく、私の〝個人的感覚値〟なのだが、それくらい3LDKが多かったのは事実だ。

投資用のワンルームは今よりもずっと多くつくられていたが、2LDKが驚くほど少なかったのである。「2LDKを買うくらいなら、多少無理をしてでも3LDKを買っておきなさい」と言われ、たとえ独り身であっても3LDKを買っていた時代が続いた。3LDKのほうが将来売りやすいし、部屋が余っても問題はない。つまり、大は小を兼ねると考えられたわけだ。

ところが平成に入り、事情が変わってきた。子供1人の3人家族が増えてきた。子供がいない夫婦2人暮らし、そして1人暮らしでもマイホームを買うケースもあり、「3LDKでなくても大丈夫」というコンパクト世帯が目立つようになった。さらに、「背伸びしないでマイホームを買いたい」という考え方が広まり、必要にして十分な部屋数の2LDKを狙う人が増えてきたのだ。

2LDKならば、3人暮らしでも部屋数が足りる。それに、70平方メートル台の3LDKより60平方メートル台の2LDKのほうが安く買えるし、管理費・修繕積立金の割り当ても少ない。合理的である、と2LDK人気が高まっている。

「分譲マンションは3LDKに限る」は、もはや古い考え方なのである。

◆暮らしやすさの新常識

シニアに書斎付き寝室が人気?

新築マンションのモデルルームを見て回ると、主寝室(夫婦の寝室)が妙に広くて10畳くらいあり、ベッドの横に机を置いて「書斎コーナー付き」としているケースが目を引く。

都心部や、郊外でも駅に近い便利な場所に建つマンションの2人暮らし用間取り（2LDKや1LDK）でこの類いの寝室をよく見かける。

「なぜ寝室に書斎コーナーを設けるの？」「今はそういう暮らしがはやっているの？」など、いろいろな疑問が浮かぶが、実はこれには裏の意味がある。

10畳以上の広さで、書斎コーナーを設けた寝室は、シニアのご夫婦をターゲットにしたもの。といっても「妻が寝た後、夫が趣味を楽しめます」とアピールしているのではない。夫の趣味はリビングで楽しめばよい。そうではなく、「こういう寝室なら、ベッドを離して、緩やかな別寝室にできます」とアピールしているのだ。

アピールする相手は夫ではなく、妻。妻のなかには、「夫のいびきがうるさい」「ベッドでも、夫がすぐに用を言いつける」といった不満を持っている人が少なくない。不満のある妻は、夫と寝室を分けたい。が、まったく別の部屋だと、夜中にどちらかの体調が急変したときの不安がある。

そこで、緩やかな別寝室が理想となり、そのように「ベッドを離しやすい」ことを書斎コーナー付きの大型寝室がアピールしているわけだ。寝室に書斎机があるのを見て、夫は単純に喜んではいけない。

◆暮らしやすさの新常識

ウォークインクローゼットが理想？

ウォークインクローゼットという収納形態に憧れる人が多い。「歩いて入ることができる（ウォークイン）くらい広い収納スペース」のことで、納戸もしくは布団部屋のようなスペースにドアが付き、ドアを開けると服がずらりと並ぶ……そのような収納スタイルに憧れるわけだ。

現在、ウォークインクローゼット自体の面積が広がる傾向にある。3畳以上、ときには6畳以上で2方向から出入りできる形状もある。

ところが、このウォークインクローゼット形式は、必ずしも収納力が高いわけではない。というのも、収納内に歩くためのスペースを空けておかなければならないからだ。歩くスペースがないと、奥にしまった服を取り出すことができない。つまずくのを防ぐため〝通路〟スペースには箱を置くこともできない。

その結果、〝通路〟部分がムダなスペースになることが、ウォークインクローゼットの短所。ムダなく使えるという意味では、昔ながらの壁面収納のほうが優れている。壁面収納、つまり壁面にロッカーを並べたような収納形式ならば、服を探すための〝通路〟は収納の外にある。収納スペースを全て収納だけのために使えるのだ。

ただし、この壁面収納には、冬用の掛け布団をしまいにくいという短所がある。そこで、最新マンションでは寝室に壁面収納を設け、LDに奥行きの深い収納（ふとんクローゼットなどと呼ばれる）を設ける形式が広まっている。

◆暮らしやすさの新常識

駐車場は100%がベスト？

駐車場設置率という言葉がある。マンション総戸数に対し、敷地内に設置される駐車場の割合を示すもので、「駐車場設置率100%」であれば全戸分の駐車場があることを示す。「駐車場設置率50%」は、駐車場の数が総戸数の半分ということだ。

この駐車場設置率は、かつて「100%が理想」とされた。多くの家庭がマイカーに憧れ、車の保有率が高かったからだ。勢い、駐車場設置率も高くすることが求められた。

しかし、今は事情が変わった。マイカーに対する執着心が薄れ、車の保有率が下がった。特に、都心部や郊外でも駅に近いマンションは「マイカーがなくても便利」と、この傾向が顕著になっている。その結果、21世紀に入ったあたりから、駐車場設置率を100％にすると、空きが目立つ状況が生まれたのである。

空きが生じると、別の問題が起きてくる。もくろんでいた駐車場使用料が入らなくなり、駐車場の維持費用が不足。その分を管理費や修繕積立金から持ち出すと、今度は建物本体の維持に支障が出る、という深刻な問題だ。今後、車の保有率が下がり続けると、この問題はさらに大きくなる。

そこで、最新分譲マンションは駐車場設置率を最初から下げている。都心部や駅に近い場所ならば30％。郊外でも50〜80％に抑えるケースが多い。

「駐車場は、少し足りないくらいが、将来に禍根を残さなくてよい」――それが、新しい常識になっている。

◆暮らしやすさの新常識

マンションのオートロックは緩い？

現代の分譲マンションは、「オートロック」を採用するのが当たり前になっている。エントランスに設けられたインターホンで、居住者を呼び出して解錠してもらう、もしくは居住者がキーをかざすなどすると、自動ドアが開く方式だ。

このオートロックは、「泥棒などを完全にシャットアウトする防犯設備」と思われがち。銀行の金庫室や刑務所のように、人の出入りを完璧に制限するシステムというイメージだ。

ところが、実際のオートロックは、銀行の金庫室や刑務所ほど強固ではない。その気になれば塀を乗り越えることができたり、居住者と一緒に入る「共連れ」で簡単にすり抜けやすいのが実情だ。

その結果、「もっと防犯性を高めればよいのに」と言われたりする。ところが、防犯性を高めると、今度は居住者に不都合が生じやすい。塀を高くしすぎると、見晴らし、風通しが悪くなる。窓の鉄格子を頑丈にすると、牢屋に閉じ込められているような気分になる。それに火事などの際、頑丈な鉄格子があると室内から逃げ出しにくくなる。オートロックで厳重な本人確認を何度も行うと、肝心の居住者が出入りしにくくなる、といった弊害だ。

オートロックは防犯性とともに、居住者の利便性も考慮して設置しなければならない。だから、ガチガチに固めるわけにはいかないのだ。悪いことを企む輩に対し「あのマンションは面倒くさそう」と思わせる程度で、十分効果的なのである。

◆暮らしやすさの新常識

1ドア2ロック、1キーでOK？

1ドア2ロックとは、一つのドアに二つの錠を付けること。今は空き巣対策として、この「1ドア2ロック」が玄関ドアの常識となっている。

そこで、生じがちな疑問が「錠を二つ付けても、同じキーで解錠したら意味がないのではないか？」というもの。せっかく錠を二つ付けても、同じキーで開くと防犯性が下がる。二つの錠なら、それぞれ異なるキーで開け閉めしたほうがよいのではないか、という疑問が出るわけだ。

実は、これが大きな勘違い。空き巣は主にピッキング（鍵を使わず錠を開ける行為）で不正解錠を行う。ピッキングを行うとき、二つ設置された錠が同じでも、異なっていても、手間は同じ。メーカーも種類も全く異なる錠を二つ設置すれば、ピッキングの手間が少しは増すかもしれない。しかし、不正解錠が得意な空き巣だったら、それでも開けてしまうだろう。

ところで、二つの錠を、異なるキーで開け閉めし始めると、日常的な弊害が生じる。二つの錠に対応したキーを二つ持ち歩き、それぞれの鍵穴に合うキーを間違いなく差し込まなければならないからだ。これはひどく面倒である。酒に酔って帰宅したときなど、「上の鍵穴に入れるのは、どっちのキーだったかな」と探すはず。上を解錠した後、キーの束を落としてしまうと、今度は「下の鍵穴に入れるのは、どっちのキーだったかな」ともう一度探す羽目に……。その面倒をなくすため、主に二つの錠を同じキーで開ける方式が採用されている。それで、十分に防犯効果が上がるわけだ。

◆暮らしやすさの新常識

外観だけ立派なマンションはサギ？

新築分譲マンションで、外観とエントランスをリッチにするケースが増えた。住戸内は並レベルでも、外面はレベルを上げる。タイル張り部分を多くし、エントランスには大理石などを使う物件が増えているわけだ。

これはミスマッチともいえる。外観はリッチでも、中身はチープという評価も生まれそうだ。しかし、これにはちゃんとした理由がある。

分譲マンションには、「なるべく安く売ろう」という物件がある。３ＬＤＫが

2000万円前後で購入できる物件。そのくらいの価格なら、無理なく購入できるという人が多く、マイホームの夢を叶えやすくなる。

そのような低価格マンションは、住戸内のつくりはそれなりのレベルとなる。豪華設備はないし、とびきり広くもない。それでも、賃貸住宅よりは上等なので、購入者は納得できるという仕様だ。

そんなマンションでも、不動産会社は外観やエントランスに精一杯お金をかける。割安なマンションだが、入居者に引け目を感じさせることはしたくない。そして、外観とエントランスが好印象を与えると、中古で売りやすい。だから、できるだけ見栄えがよく、長持ちする仕様にしておこう、と考えるわけだ。

これは、わが子が小学校に入るとき、ランドセルだけは良いものを与えたいと考える親心に似ている。ランドセルだけ立派だっていいじゃないか、いや、素敵なことだ……マンションの外観も同様だと私は考えてしまうのである。

◆暮らしやすさの新常識

マンションの音トラブルは面倒?

マンション暮らしを始めると、多くの人は「音」を気にする。隣の音が聞こえるのではないか。上下左右に音にうるさい人がいたらどうしよう……と心配するわけだ。ところが、この「音」に関して、三つの勘違いがあるので、注意したい。

一つ目は「分譲マンションは驚くほど静か」ということ。賃貸住宅は隣の音が丸聞こえになることがある。これに対し、分譲マンションは壁・床が厚いため、大音量を出さない限り、音の問題はない。日常的な話し声が聞こえることなど、まずないのだ。

二つ目の勘違いは、単純に「遮音性を高めればよい、というものではない」ということ。外の音、隣の音を遮るには、壁を厚くし、窓や玄関ドアを分厚くして隙間が生じないようにする。この遮音対策を高めると、家の中は驚くほど静かになる。それと同時に、家の中の音が気になり始める。時計の音、冷蔵庫の音、換気装置の音が気になって眠れないことになりがちなのだ。そのことを考え、現在の住宅はほどよい遮音性に保たれている。

三つ目の勘違いは「音のトラブル」の内容。一般的には、騒音を出す人がトラブルメーカーになると考えられがち。ところが、最近は特に騒音を出していないのに「うるさい」と文句を言う人が居て、文句を言われたほうが困るというケースが出ている。つまり、聴力が敏感すぎる人によるトラブルである。これが、非常に解決しにくい。「音に敏感すぎる人は、できればマンションに住まないほうがよろしいのではないか」と、私は内心思っている。

◆暮らしやすさの新常識

ペアガラスは遮音性が高い？

今、マンションや戸建て住宅に設置される設備で「人気が高いな」と感じるのがペアガラスを用いた窓のサッシだ。

ペアガラスは2枚のガラスで空間をつくり、その空間（隙間）に乾いた空気やガスを注入しているもの。その構造から複層ガラスとも呼ばれている。ペアガラスはよく二重サッシと混同されるが、それとは別物。二重サッシは窓をダブルで設置するのに対し、ペアガラスはシングルの窓で、シングル窓に組み込まれるガラスが複層になっているのだ。

ペアガラスの長所は断熱性が高まり、冬でもガラス表面の結露が生じにくいこと。加えて、遮音性が高まると考えられがちだが、それは勘違い。一部特殊な製品を除き、ペアガラスの多くは遮音性が高くない。従来型の1枚ガラスサッシと同等の遮音性能となっている。二重サッシであれば遮音性が高まるのだが、ペアガラスはガラス自体が薄くなるものが多いため、遮音性は期待できないわけだ。

そのため、幹線道路脇のマンションなどでは、「二重サッシで、しかも外側の窓はペアガラス」というような設置方法がとられる。ペアガラスで断熱性を高め、二重サッシで遮音性も高めるわけだ。これなら遮音性も高まるが、窓が2枚になるため、開け閉めが面倒。加えて、窓の厚みがかさむため、室内の有効面積が減るという短所もある。

騒音の懸念がなく、断熱性だけを高めたいときは、二重サッシではなく、ペアガラスだけで十分となるわけだ。

◆暮らしやすさの新常識

シャンプーできる洗面台は便利？

顔を洗ったり歯磨きをする洗面台に、洗髪もできるタイプがある。シャンプードレッサーなどと呼ばれ、洗面ボウルが大きくて、蛇口がシャワーヘッド状になっているもの。シャワーヘッドを引き出すことができるため、服を着たまま髪を洗いやすい。

平成の初め頃に登場し、今も憧れている人が少なくない。洗面台で洗髪できれば、朝の忙しい時間帯にササッとシャンプーができると考えるからだ。ところが、直近の新築住宅で、このシャンプードレッサー型洗面台を採用するケースは少ない。その理由は、「使ってみると、想定外の問題が生じる」ことが分かったからだ。

確かに、シャンプードレッサーなら服を着たまま髪を洗うことができる。しかし、髪を洗うと、洗面台の周りに泡やお湯が飛び散る。それを掃除するのが大変なのだ。洗面台の奥に大型の鏡があると、鏡の下半分が飛沫だらけ。それを拭いて磨き上げる苦労をするくらいなら、風呂場でシャンプーしたほうがよいと多くの人が気付いた。それで、設置例が減ったというわけだ。

一方、病院の入院病室に設置される洗面台は、今でもシャンプードレッサー型洗面台が多い。だから、生産はまだ続いているのである。

このシャンプードレッサー型洗面台を新生児の沐浴に使う人もいる。洗面ボウルが大きくて、ちょうどいいというのだ。確かに使いやすそうだが、どうか安全性を確保した上で使っていただきたいものである。

◆暮らしやすさの新常識

給排水管で建物寿命が決まる?

コンクリートを用いて建設されるマンションは、建物本体の寿命が長い。昭和時代の建物なら、少なくとも40年から50年、平成に入ってからの建物であれば60年から80年はもつとされている。

ただし給排水管が傷むと、水道から茶色い水が出るなどの弊害が生じる。給排水管の寿命がすなわちマンションの寿命になる――そう信じている人がいまだにいる。

結論から申し上げると、それは昭和40年代までの話。今のマンションではありえない出来事だ。

初期のマンションはコンクリート壁の中に、給水管を埋め込んでいた。そのため、給水管を交換するには広範囲に壁を壊す必要があり、建て替えと同様の手間がかかった。それで、「給排水管の寿命が、すなわちマンションの寿命」と言われたのである。

そんな不都合はすぐに改善され、今は、建物の構造躯体にキズを付けることなく、給排水管を交換できるようになっている。「さや管」方式とよばれるもので、それが常識化しているため、マンションのパンフレットで説明されることもなくなった。その一方で、昔の本を読んだ人が、「給排水管の寿命が命取り」と勘違いしてしまう。

「マンションの最上階は、夏、暑い」や、「二重壁は太鼓現象で音が伝わりやすい」というのも同様の古い常識。過去に起きた問題がいつまでも残っていると思い、心配してしまうわけだ。そうした問題をいつまでも放置しておくほど、日本の技術陣は怠慢ではない。

◆暮らしやすさの新常識

タワーパーキングは使いにくい？

マンションの駐車場には「タワーパーキング」という形式がある。タワー（塔状）の建物をつくり、その中に駐車装置を入れ、パレットに載った車が観覧車のように回っていく方式である。超高層のタワーマンションの場合、建物の中心部にこのタワーパーキングを組み込むことが多い。外周部に住戸を並べ、中心部を駐車場として活用するわけだ。

しかし、その評判は必ずしもよくなかった。車の出し入れに手間と時間がかかるのが、大きな理由だ。ところが、このタワーパーキングが進化。今は、機械式駐車装置のなかで、最も使いやすいのではないか、といえるほどに使い勝手が向上している。その改善点を紹介しよう。

まず、最新のタワーパーキングは「前入れ・前出し」方式になっている。パレットに入れるときは前進――これは従来と同じだ。改善されたのは出すとき。出庫時には、車が前向きになっているので、車に乗り込んだら、そのまま前進で出ていけるのだ。これは、後進が苦手な主婦に喜ばれている。

もう一つの進化は、「パレットを特定しない」方式が広まり、入庫時間が大幅に短縮されていること。自分のパレットが来るのを待つのではなく、空いている最寄りのパレットに載せる。そうして、出庫時には自分の車が載ったパレットを呼び出す方式が開発されているのである。

二つの進化の相乗効果により、最新のタワーパーキングは大きく使い勝手を向上させている。

◆暮らしやすさの新常識

非常用電源は何日分も必要？

東日本大震災以降、新築分譲マンションでは非常用発電機を備えるところが多くなった。災害時に停電したときのことを考え、自前の発電機をマンション敷地内に設置する工夫である。

軽油などを燃料にして電気をつくり、エレベーターを動かしたり、非常灯をつける、そして駐車装置やオートロックの自動ドアが作動するようにする。さらには、水道設備の加圧ポンプを稼働させ、各住戸に水を送り出すわけだ。

この非常用電源は、燃料を多く蓄えれば蓄えるほど安心と考えられるようになった。東日本大震災の前は、「非常用エレベーターを4時間動かすことができるくらい」の燃料を蓄えるケースが大半だったが、今は「エレベーターやオートロック、非常灯、駐車装置、加圧ポンプ類を24時間稼働」や「同72時間（つまり3日間）稼働」「いやいや、ウチは1週間」などというケースまである。より多くの装置を、より長く動かせるようにしているわけだ。

ところが、先日、被災地である仙台の新築マンションを取材したら「うちは10時間稼働のレベル」と説明された。「それ以上は不要」とも言われたのだ。

理由は、「あれほどの大地震が起きると、人間は体を寄せ合いたくなる。薄暗いマンションに留まるより、避難所に集まりたくなるものなので、避難所に行くための荷物をまとめることができるくらいの非常用発電ができれば十分」というもの。実際に大地震を経験した現地ならではの発想。なるほど、と目からウロコが落ちる思いがした。

ただし、東北地方の一部では避難所が満杯となり、「建物が残っている人は避難所ではなく、自宅内にいて欲しい」というエリアがあった。こうした場合は、やはり長時間の非常用電源が必要となるのかもしれない。そうはいっても、あまりに長時間の非常用電源を用意しようとすると、大量の燃料を保管する必要が生じ、そのためのスペースが必要になる。また、燃料の量によっては有資格者が必要になるなどの問題が出てくる。

最新の工夫では、カーシェアリング用の車としてハイブリッド車や電気自動車を数台置き、その蓄電池を非常用電源にするアイデアもある。非常用電源の工夫はこれからも増えてゆくものと考えられる。

◆暮らしやすさの新常識

都市ガスは災害に弱い？

電気と都市ガスは、どちらが大災害に強いのか。東日本大震災までは、「電気のほうが強い」と言われた。理由は、大災害でライフラインが分断されたとき、都市ガスよりも電気のほうが復旧までのスピードが速いからだ。ところが、今回の大地震では電気の旗色が悪く、都市ガスが評価を上げるという状況が生まれた。その結果、どちらが災害に強いのか、分かりにくくなってしまった。

いったい、どちらが災害に強いのか。問題を整理してみよう。

電気の旗色が悪くなったのは、特に首都圏においてである。地震の影響で停電が起き、その後の計画停電で電気が途絶える状況が生まれ、通常通り使えた都市ガスの評価が高まった。つまり、首都圏では、地震の間接的影響で電気の評価が下がったのである。

これに対し、地震の直接的影響を受けた東北地方では、事情が異なった。仙台などでは電気は約1週間で復旧し、都市ガスが復旧するまでに要した期間は約1カ月。やはり、電気のほうが復旧までの期間が短く、頼りになったのである。結論を申し上げると、大災害で大きな被害を受けた場合、復旧までのスピードが速いのは、やはり電気なのだ。

都市ガスは損傷を受けると復旧までに時間がかかる。ただし首都圏の場合、最新のガス管を採用し、ガス管をつなぐ際の区切りも多く設けているため、従来よりも復旧は早いという意見もある。となると電気とガス、共に備えているほうが、やはり安心ということか。

さらに最新の住宅では停電に対する備えが充実。太陽光発電装置から直接電気を取り出すことができるコンセントを設置したり、非常用の蓄電池を建物内に置き、停電のときはその蓄電池で数日は暮らしていける、といった工夫が出てきている。

住宅の災害対策は、日々進化しているのである。

◆暮らしやすさの新常識

内覧会で見落とせないものは？

新築の分譲マンションを購入すると、引き渡しの前に「内覧会」というものが行われる。引っ越す前に住戸内を点検し、不具合や汚れがないかを確認するための催しだ。

この「内覧会」で見落としがあると、エライことになる。後からミスを見つけても、もう手遅れ。決して直してもらえない、と思う人がいる。それで、目を皿のようにしてミスを見つけようとする。

が、そのような心配をする必要はない。「内覧会」のあと、引っ越して実際に生活が始まってからでも、問題箇所は直してもらえる。

通常、入居後3カ月目、6カ月目、1年目、2年目というように、何度か定期検査が行われ、支障箇所がないかの確認がくる。その際、使いにくいところやおかしなところがあったら、指摘し、直してもらえばよい。私も、LDの室内ドアがうまく開閉できなくなり、3カ月点検で蝶番を直してもらった。その後、1年目のときも同じ箇所に不具合が出たので、蝶番自体を別のものに替えてもらった。そのように対応してもらえるので、「内覧会」の1日で見つけなくても大丈夫なのだ。

「内覧会」でチェックしたいのは、大きな工事ミス。図面では窓が付くことになっていた壁に窓がない（これ、本当にあった話）というような工事ミスがあったら、建物引き渡しを拒否し、場合によっては売買契約を解除して、「手付け倍返し」を要求する。そのような重大なミスや大きな汚れ・傷に注意すればよいのである。

◆資産価値の新常識

買ってすぐ手放すと3割安に？

新築マンションを購入し、代金を全額払った後、引っ越しもせず、すぐに買い戻してもらうと3割安くなる、という説がある。未使用住戸なのに、3割も価格が下がるとされる理由は、以下の通りだ。

「マンションの売り手は、利益と販売管理費を加えて、分譲価格を決める。その利益と販売管理費は分譲価格の3割に当たる。だから、未入居でも、買い戻すときは3割引きになる」。ところが、この理屈にはいくつかの勘違いがある。まず、マンションの売り主（たいていは不動産会社）は、新築マンションを売るのが仕事で、中古マンションを買い取る業務はしないのが普通。「中古マンションとして買い取ってほしい」と言われれば、系列の不動産仲介会社を紹介するだろう。

不動産仲介会社は、相場を基に価格を決める。その際、新築時3000万円だった3LDKを3割引きで売り出そうとすれば、2100万円になる。3000万円だった住戸が未入居で2100万円ならば、購入者が殺到するはず。2割引きの2400万円でもすぐ売れるだろう。実際には、2500万円あたりが落としどころとなり、3割安にはならないのだ。

だいたい、代金を払ってすぐに手放すくらいなら、代金を払う前に契約解除を申し出るのが常識的な行動になるだろう。契約解除ならば、手付け放棄で解決する。手付け金は、一般的に分譲価格の1割程度。3000万円の住戸ならば、300万円を放棄するだけ、つまり300万円の損だけで済む。いずれの場合も3割、損をすることはないのである。

◆資産価値の新常識

個性的なマンションは難がある？

マイホームを購入するとき、「個性的な外観や間取りの物件を買いたい」と思う人が少なくない。例えば、分譲マンションを買う場合、世の中の物件はありきたりのデザインばかりで面白くない。もっと変わった物件はないか、と考えてしまうわけだ。

賃貸マンションならば、変わった形、変わった間取りの物件が見つかりやすい。でも、分譲マンションには変わり種が少ないため「つまらない」という不満が出やすいのである。

では、個性的な分譲マンションをつくると、多くの人が飛びついて、売れ行き好調になるのだろうか……これが、そうでもないのだ。まったく売れないわけではない。興味を示して、見学に来る人は多い。しかし、実際に契約する人は少ない。契約した人もその後に解約するケースが多く、結局売れ残りやすいのだ。

そうなる理由は、「よくよく考えたら、奇抜なマイホームはリスクが大きい」と考える人が多いから。住宅は30年、40年と住み続けるもの。若いときに、面白半分で買ってしまうと、将来、後悔するのではないか。そう考えると、安易に契約できないし、契約した後に解約したくなってしまうというわけだ。

その点、賃貸マンションならば、「飽きたら、引っ越せばよい」と考えられる。だから、奇抜な物件でも借りる人が多いので、物件も豊富になる。以上が、賃貸には個性的物件が多く、分譲には無難な物件が多い理由なのだ。

◆資産価値の新常識

設備に惑わされてはいけない？

マイホームを選ぶとき、「設備は二の次でよい」という考え方がある。立地や住戸の向き、広さは変更できないため、重視すべきである。それに対し、設備機器は変更できるから軽視してもよい、というわけだ。

ところが、簡単に変更できるかというと、そうとも言えない。例えば、システムキッチンに不満があったとしよう。「こんな安っぽいシステムキッチン、嫌だわ」と妻が言う。夫は「そんなもの、後で交換できる」と言い、「いずれ気に入ったものに交換してやるよ」とまで言ったりする。

実際には、簡単に交換できないのだ。障害になるのはお金の問題。システムキッチン交換のリフォーム費用は安くて100万円。高級な製品を選ぶと300万円を超える。そこで、夫はこう言う。「まだ使えるキッチンを交換するのはもったいない。それが壊れたら、交換しよう」。

それが、安っぽいシステムキッチンでも、分譲住宅に入っている製品はそれなりの耐久性があり、簡単には壊れない。30年くらい経つと、交換してもバチがあたらないかな、というくらい傷んでくる。ようやく気に入ったシステムキッチンに替えても、そのときは子供たちが巣立っている。残された夫婦も食欲が細り、以前ほどキッチンを使わない。「もっと早く、このシステムキッチンが欲しかった」となりかねない。

マイホームは、設備重視で選んでもよい、いやそうするべきだと私は思っている。

少子化で都市部も過疎化する？

日本は今後さらに少子化が進み、２０５０年には人口が８０００万人にまで減少するという予測がある。人口が減れば、土地も家も余る。だから、マイホームを買うと損をする……そんな考えも増えてきているが、本当に、そうだろうか。私はこの考えに懐疑的だ。理由は二つある。

まず、「将来、日本の人口は減る」という予測がある一方で、「世界人口は増え続ける」という予測もあるからだ。２０５０年には95億人にまで膨れ上がっているという説もある。世界人口が増え、日本を取り巻くアジア諸国が高度成長するなかで、日本の不動産価格が下がってきたらどうなるか。アジアで増加する富裕層が東京や大阪の土地やマンションを買うだろう。大都市で、中国語やヒンディー語、インドネシア語の表示が増える光景が目に浮かぶ。日本の不動産は、誰でも購入可能なことを忘れてはならない。

もう一つの理由となるのは、「人口の減少が進むと、大都市圏への集中がさらに進む」ということ。すでに、現在の日本では、家余りが進みつつある。しかし、首都圏・近畿圏など大都市の通勤圏内では、一定数の空き家はあるが、まだ家が余っているという状態ではない。空き家が目立つのは、過疎地や通勤圏外の場所。このまま人口減少が続くと、地方ではますます過疎化が進み、仕事も減る。すると、人はさらに大都市の中心部寄りに集中すると考えられる。

つまり、人口減少で地方の過疎化が進めば、首都圏、近畿圏への人口流入は増える。その観点からも、やはり首都圏ではマイホームを買っておいたほうがよいと思えるのである。

◆資産価値の新常識

バス便マンションは不便？

マンションは、何より利便性の高さを身上とする住まいだ。ディスポーザーを備え、24時間ゴミ出しOK、二重、三重のオートロックも備えるといった要素が高く評価される。戸建てよりも、駅に近い場所に建設されやすく、通勤・通学がしやすいという交通の利便性もある。ところが、近年は駅から離れ、バスに乗らなければ帰れないというマンションが増えてきた。そんなマンションは不便そう……と思えるのだが、実は「意外に便利」というケースが多いので驚く。

例えば、駅から離れるが、大型ショッピングセンターには近いというケースがある。近年、大型商業施設は、駅から離れた場所にオープンすることが増えた。駅前よりも土地代が安いし、大きな敷地を確保しやすいからだ。その隣にマンションがあれば、何かと便利だ。

次に、最近のバスは使い勝手が向上しているという要素も見過ごせない。ダイヤは正確だし、深夜まで運行し、マンション前にバス停を設けてくれたりする。駅周辺の道を整備して、渋滞が解消されているところも多い。

さらに、マンションによっては、自前のバスを設け、駅までピストン運行しているところもある。その場合の運賃は100円とか50円という低い設定。なかには管理費で運営するので、乗車時の料金は不要という物件もある。お金を出さずに乗車できると、便利さはひとしお。そうなると、駅から離れているが、「分譲価格は割安」という長所が際立つ。バス便マンションには、お買い得物件が隠れているのである。

◆資産価値の新常識

幹線道路沿いは環境劣悪?

高速道路や、交通量の多い幹線道路脇に建つマンションは分譲価格が割安になる。道路からの騒音や排気ガスの害があると、敬遠されがちだからだ。

にもかかわらず、高速道路・幹線道路脇にはマンションが建設されやすい。それは、道路に面する場所は容積率が高く、高さ制限も緩和されており、マンションを建設しやすいから。そのため、空から眺めると、幹線道路に沿ってマンションやオフィスビルが並び、その背後は一戸建て住宅地という光景を目にすることが多くある。

背後の一戸建て住宅からすると、「マンションのおかげで、車の騒音が減った」と喜ばれたりする。つまり、〝衝立マンション〟になっているわけだ。

では、衝立マンションは、本当に車の騒音がひどく、環境が劣悪なのだろうか。こんな話がある。

自動車メーカーの社員は、幹線道路や高速道路脇のマンションを喜んで買う。理由は、「今の車は、騒音も排気ガスも大きく減少。道路脇に住んでも害が少ない。にもかかわらず、マンションの分譲価格は安くなるので、お買い得」と考えるためである。

道路に近いマンションは窓の遮音等級を上げるといった対策も施される。そして、都内の山手通りのように地下に高速道路をつくることで交通量が減り、静かになっている道路もある（まだ、一部だが）。「幹線道路に近い分、割安なマンション」も、実はお買い得かもしれないのである。

◆資産価値の新常識

マンションは立地が全てか？

マンションを選ぶとき、「駅に近い利便性」が重要ポイントとなる。便利な場所なら暮らしやすいし、将来、売却するときも買い手が付きやすい。だから、重視すべきポイントとなるのだが、重視すべき要素はそれ以外にもある、というのが最近主流の考え方だ。

ところが、昭和の時代は違った。「マンションは立地が全て」で、それ以外の要素は考えなくてよい、とされた。二つのマンションで迷ったら、巻き尺で駅からの距離を測れ。そして、1メートルでも駅に近いマンションを買え、とさえ言われたのである。

売り主の信頼性や構造の工夫、居住性の高さは考えなくてもよい、ということだから、単純というか、乱暴な話である。当時、マンションは一戸建てにステップアップするための腰掛け的な住居と考えられ、投資家目線で物件を品定めする人が多かったので「立地偏重」の発想が生まれたのだろう。

これに対し、今は永住目的でマンションを買う人が増え、購入者の目も肥えてきたので、立地以外の要素も重視されるようになった。さらに、「野村ファン」や「三井ファン」のように、特定不動産会社の物件を追いかける人も生まれている。マンションの選択基準が変わり、複雑化しているわけだ。

昭和から平成になってすでに四半世紀を超えたのだから、それは当然のことだろう。むしろ変わらないほうがおかしい。親が子のマイホーム購入に口出しするときは、このような時代のギャップがあることを肝に銘ずるべきなのである。

◆資産価値の新常識

家は南向きに限る？

日本の住宅は「南向きが一番」と考えられてきた。「日当たり良好」が好まれ、西向きや北向きの家は敬遠されていた。それは、西向きだと夏の西日が暑く、北向きだと室内にカビが発生しやすく、冬が寒いといった弊害があったからだ。

ところが、21世紀に入ったあたりから事情が変わってきた。まず、マンションも一戸建ても24時間換気装置が付けられ、北向きでもカビの心配がなくなった。加えて、断熱性が高まり、冬の寒さも軽減された。窓面積を広げるなどの工夫で、「北向きでもこんなに明るいのか」と驚くような室内が実現するようになった。

西向き住戸には、赤外線をカットするLow-Eガラス（ローイーガラス。エコガラスともいう）が開発され、西日の弊害が減った。夏の西日が暑いのは遠赤外線が多く含まれ、それを浴びると体が芯から温まり、夜になってもほてってしまうから。その遠赤外線をカットするガラスを使えば、西向き住戸のマイナス点が解消される。

このように設備が進化した結果、北向き住戸、西向き住戸の欠点が減り、「分譲価格が割安」という長所が際立つようになってきた。加えて、北向きなら直射日光で家具が傷まない、間取りが個性的で面白い、といった理由もあり、今は北向きファンも増えているのが実情だ。

超高層マンションのように日当たりが良い

と、南向きは夏、暑すぎるとの声もある。昨今のように猛暑が続くと、エアコンの電気代もかさむ。南向きにこだわる時代は終わったのかもしれない。

◆資産価値の新常識

その売り出し価格は適正か？

マイホームを売るとき、誰でも「適正価格」で売りたいと思う。高く売れるに越したことはないが、相場以上の価格で買ってくれる人はまずいないだろう。得することを狙っても無理、と分かっているので、せめて損をしない価格、つまり適正価格で売りたいと思うわけだ。

ところが、中古物件の適正価格は物件の立地条件や古さ、広さによって大きく変わる。「これが適正価格」という指標は極めて出しにくい。そこで、マイホームが適正価格で売れたかどうかを知る目安をお教えしよう。それは、中古で売るときに要する期間を目安にすることだ。

中古物件を扱う仲介業者の間では、「3カ月」が一つの目安とされる。「中古で売り出して、3カ月くらいで買い手が決まれば、ちょうどよい価格設定だった」という意味である。3カ月より早く買い手が付けば、それは割安な価格で売り出した証拠。逆に、3カ月たっても買い手が現れなければ、価格設定が高すぎる証拠というわけだ。

3カ月という期間は、不動産のプロたちの長年の経験から割り出された業界の摂理というべきものだ。

そして、この「3カ月」は他の場面でもちょくちょくお目にかかる。例えば、マイホームを探す人はだいたい3カ月で決断する。3カ月たっても決められない人は、その後もずっと決められない。

不動産市況も3カ月たつと大きく変化する。どういうわけか、不動産は3カ月一区切りで動いているのである。

第4章

他人の失敗に学ぶ

——大きな買い物で後悔しないために

不動産で失敗したくないのなら、
他人の失敗に学び、同じ轍を踏まないことだ。購入、売却、賃貸、
それぞれの失敗談を集めてみた。
どんなところに人はつまずきがちなのか、ぜひ読み取ってほしい。

◆購入時の失敗談

安ければよい、というものでもない

買い物では、安いのが一番。ただし、同じ物が買えるならば……。

残念ながら、住宅は一つとして同じ物がない。立地が異なるし、建物も異なる。住戸の広さや設備の内容も違う。だから、一概に「安いのが一番」とは言えない。実際、次のような失敗がある。

数年前、都内で2LDKの新築マンションを探していたシニアのH夫妻がいた。候補に挙がったのは湾岸エリアの2物件。一つは大規模マンションで、エントランスも立派。その分、値段も高かった。もう一つは中規模マンションで、価格の安さを特徴にしていた。同じ広さの2LDKが片や4100万円、片や3700万円。ほとんど隣り合うような立地で、この価格差は大きいと、H夫妻は3700万円の2LDKを選んだ。選んだマンションは規模が小さいため、先に竣工。夫婦が入居して半年後に、大規模マンションができあがった。

「値段が高くて諦めたマンションができあがったね」と、夫婦は散歩がてら、見に行くことにした。すると、ガラス越しに立派なエントランスロビーが見える。天井が高く、壁は大理石張り。フロントに女性スタッフがいて、シティホテルのようだ。それに比べると、夫婦のマンションはビジネスホテルみたい……。夫婦は、400万円分、得をしたのか、損をしたのか分からなくなった。

もっとも、高いほうが必ずよい、というわけでもない。大規模造成地の建売住宅を買った30代のR夫妻は、住宅地のなかでも格安住戸を選んだ。敷地に変電設備が食い込み、家の前がゴミ集積場になる、という条件が悪い住戸だ。

その家に住んで1年たつが、何の支障もない。ゴミ集積場は当番制で掃除をし、ゴミ出しの時間も守られているので、臭いの害もない。こういうお買い得住戸もあるのだ。

◆購入時の失敗談

安い中古を買って、建て替え受難

都内で中古マンションを買った30代サラリーマンSさんの話。最初は、新築を物色。しかし、都心部だと2LDKで4000万円以上する。3500万円くらいの物件はないか――探していって目に留まったのは中古マンション。築35年で、内部は完璧にリフォームしてある。価格は3490万円。「住戸内が新築同様なら、問題なし！」と購入。ところが、実は問題があったのだ。

その2年後、管理組合で「建て替えに関する全体会議」が開かれた。「10年以内をめどに建て替えをしたい。ついては、1戸あたり1500万円ほどの費用を出してほしい」と驚きの事実が知らされた。住戸内は新築同様だったが、骨格は老朽化していたのだ。

現在の新築分譲マンションならば、少なくとも60年以上、普通は80年から100年はもつとされる。しかし、昭和50年代までのマンションには耐用年数が40〜50年という建物がある。そういうマンションを中古で購入すると、建て替えの面倒に巻き込まれることがあるのだ。

購入時に3000万円のローンを組んでしまったSさんは、さらに1500万円というお金は出せない。これからどうなるのか、不安が募るばかりだ。

一方、そのマンションの前の持ち主はどうしているのか。実は、前の持ち主は、いずれ建て替えの話が出ることが分かっていたのだ。建て替えにはお金がかかる。それ以上に意見をまとめる手間が大きい。その面倒に巻き込まれるくらいなら、安くてもいいから売ってしまえ、と考えた。

古いマンションをタイミングよく売却し、新品のマンションに買い替えた前の持ち主は住宅購入の成功者といえる。

◆購入時の失敗談

資産価値は、そんなに大事か

マイホーム購入での失敗は絶対にしない。そう心に誓っているのは、39歳のサラリーマンDさん。34歳の時に購入計画を立て、独自のチェックリストをつくって見学を開始。検討したマンションを採点し、１００点満点の物件を買うと意気込んだ。

しかし都心に近く、駅にも近い。買い物が便利で公園にも近い。加えて、日当たり良好で広い住戸が激安でないと１００点にはならない。当然、見つかるはずはなく、ダメ出しの毎日。ハードルを下げ、「95点なら可」としたが、それでも無理。「90点以上でもいい」としているうちに、５年が過ぎた。

今では、モデルルーム見学に家族がついてこない。それどころか、娘から「パパは家を買うの、嫌なの?」と言われる始末。妻が電話で「結局、あの人は意気地がないのよ」と話していているのも聞こえた。オレは家を買う前に失敗しちゃったのか……。

もう一人、資産価値にこだわって探し続ける20代会社員Mさん。将来、高く売れる、高く貸せる家を買おうと、独自のエクセルデータを作成。しきりに数字を入力している。

「そんなことして楽しいの?」と、3年前に結婚した妻が聞く。「おまえ、バカだなあ」と夫は、妻に対する禁句(バカ)から説明を始めた。「買った家が将来値下がりしたら、どうするんだよ。人生、バカを見るぞ」。

「値下がりしても、楽しく暮らせれば、いいじゃない」と妻。「だから、おまえは」と言い返しかけたとき、Mさんの妻はいつになく真剣な目をしてこう言った。「私は結婚相手を決めるとき、将来出世するとか、お金持ちになるとか考えてなかったよ」。

ぐうの音も出ない、とはこのことだった。家を買うのは、家族で幸せに暮らすため。そのことを忘れていた。

マイホームを買うとき、男はそんな失敗を犯しがちである。

◆購入時の失敗談

利回り重視もほどほどに

損保会社に勤めるTさんはマイホームを買う前に、投資用のワンルームを中古で購入した。自分の住まいは社宅で十分。投資用マンションを買えば、お金が戻ってくる。老後の支えにもなる、と考えたからだ。その際、指標にしたのは利回り。投資した金額に対し、

もうけがどれくらいあるか――あれこれ計算して利回りの高いワンルームを2戸買った。
そのTさんが、今度はマイホームを探し始めた。社宅が廃止されることになり、「だったら、安い中古を買おう」と考えたのだ。その際も利回りを重視。ひたすら安く、将来人に貸したときに家賃設定が高くできるような物件を物色した。

見つけたのは、都心ターミナル駅の徒歩圏にある中古マンション。立地は良いが、日当たりが悪く、建物は古い。畳の部屋が2部屋ある古いタイプの3DKで、畳が古いせいか妙な臭いもした。それでも、人に貸せば利回りが高くなりそうなので、購入を決めた。

これが大失敗。冬は寒く、夏は暑い。隣の物音が筒抜けだし、妙な臭いは畳を入れ替えてもなくならなかった。人に貸すならともかく、自分で住むなら、想定利回りが下がっても、多少高くても住み心地の良いマンションを買えばよかった。後悔しきりである。

利回りは本来、投資用の指標。自ら居住する住宅に当てはめると、無理が出やすい。実際、夫が利回り重視で探し出した物件を見て、妻が「外観が貧相」「キッチンの設備が安っぽい」「住みにくそう」と、ダメ出しするケースが少なくないのである。

◆購入時の失敗談

ローン審査に落ちた!!

マイホームを買うとき、たいていの人は住宅ローンを組む。その審査は間違いなく通るだろう、とタカをくくっていたのが中堅メーカーの人事部に勤め、勤続10年を超えるサラリーマンKさん。車のローン以外、借金もない。マンションの営業マンも、「問題ないですよ」と太鼓判を押してくれた。ところが、ローン審査に落ちたのだ。

「なぜオレが?」。がくぜんとするKさんに営業マンが聞いた。「もしかしてクレジットカードをたくさん持っていませんか」。8枚持っていると答えると、「それだ!」と営業マン。「キャッシング枠やリボルビング枠があるカードをたくさん持っていると、不利になるようです」。例えば、クレジットカードに50万円のキャッシング枠が付いていると、キャッシングをしなくても50万円借りているのと同じとみなされる可能性があるというのだ。ましてや、軽い気持ちで1万円借りたり、2、3万円のリボルビング払いショッピングをすると、「借金の実績あり」の判定を下される可能性がある。それ以外に、審査に落ちる理由は思い当たらなかった。

同様に審査に落ちたシングル女性Oさんもカードが多かった。カードが増えたのはここ数年のこと。最近はデパート、ショッピングセンターでポイントカードをつくるのが当たり前。その際、「クレジット機能付きのポイントカードにすると、ポイントが多くたまる」と勧誘され、Oさんの財布にもいつの間にか、クレジットカードが増えてしまったのだ。

その後二人は、次のローン審査を受ける前に、ほとんどのクレジットカードを解約した。どうしても必要なら、無事マイホームを買ってから再取得すればよいからだ。

◆購入時の失敗談

借り換えできない!!

住宅ローンで多くの人が悩むのは、ローン商品の選び方。なかでも変動金利を選ぶか、固定金利にするかである。今は「史上最低」と言われるほど利率が低いが、将来上がる可能性のある変動金利にするか、最初に決めた金利で最後まで変わらない35年固定金利にするかは、確かに悩みどころだ。

悩んだ結果、それ以上考えるのをやめて「失敗したと思ったら、そこで借り換えすればよい」、という結論に落ち着くことも多い。しかし、この借り換えは、誰でもすんなりできるわけではない。

フリーライターYさんは、大手出版社勤務時代に35年固定の住宅ローンを組み、独立して2年後に変動金利に借り換えようとした。銀行の窓口で書類に記入していたら、担当者が眉をひそめた。「自由業で、それも2年目ですか」。そうなると、借り換えは難しいとのこと。大手出版社勤務なら、金融機関の信用度も高い。「でも……」と相手は言葉を濁した。「つまり、フリーランスは不利なんすね」。Yさんはくだらないジョークを飛ばすのが精一杯だった。

職業が変わったり、収入が減ると、借り換えはてきめん難しくなるのだ。

離婚を考えている建設会社社員Iさんも借り換えの悩みがある。離婚した後も、妻と幼い子供はマンションに住み続けさせたい。しかし、そのマンションにはローンが残っている。「別れても、住宅ローンは俺が払う」。そう思っていたが、自分の住所を移すと借り換えが難しくなる。そもそも、自ら居住していないのに、ローンの返済を続けること自体、ローン契約に反するのである。

結果、住宅ローンが足かせになって、離婚に踏み切れないという事態が起きるのだ。Iさんは今、福岡か札幌に転勤し、単身赴任での〝事実離婚〟を狙っている。

◆購入時の失敗談

金利上昇リスクが怖い

住宅ローンは借金の一種だが、一般的な借金と異なる点が多い。一般的な借金は、人生におけるマイナス要素となり、クレジットカードを取得するときの弊害になる。「あなたは借金をしているから、カードを持てません」という事態が生じやすいのだ。その点、住宅ローンは必ずしもマイナス要素にはならない。住宅ローンを組んでいるのは経済的に安定している証拠とみなされ、逆にクレジットカードを取得しやすくなったりする。

保証人を立てることなく、保証機関を利用することで契約が成立する点も他の借金と異なる点。金利が大幅に安いことや、住宅ローンを組むことで税金が戻ってくる（住宅ローン控除）などの特徴もある。借金には違いないが、世の中の多くの借金のように〝怖い〟

わけではないのだ。しかし、世の中にはことさら怖がる人がいる。

繊維メーカーに勤めるサラリーマンFさんもその一人。今まで借金をしたことはなく、ギャンブルとも無縁。鉛筆デッサンが趣味という根っからのマジメ君だ。そのFさんが、マイホーム購入に際し、初めてローンを組んだ。迷ったのは、変動金利にするか固定金利にするかである。

職場の同僚たちは盛んに変動を勧める。金利が低いほうが得。それに今後も、金利が大きく上がることはあり得ないという。同僚は理論派で、「あらゆるケースで変動金利が有利だ」と話してくれた。でも、Fさんは変動に踏み切れない。万一、金利が上がり、10%とかになったらどうなる。ローン返済ができなくなるかもしれない。怖がるFさんに同僚は説得を諦めた。結局、選んだのは35年間金利が変わらない固定金利だった。

さて、そこから8年たつが、金利は低いまま。しかも、選んだローンは団体信用保険料を毎年払わなければならないタイプのもので、毎年20万円を大きく超える額を払い続けている。信念をもって選んだ固定金利だが、本当に固定でよかったのか、少しずつ悩みだしたFさんである。

一方、変動金利を選ぶ予定だったのに、半分は固定金利にせざるを得なかった教員Nさんもいる。うっかり叔父に相談したら、その叔父が狂信的な固定金利派。「知り合いの銀行を紹介してやるから、そこで固定金利のローンを組め」と断言。これまで世話になった叔父の意見だけに無視できず、「半分だけ固定にします」ということに。こちらも、「全額変動にすればよかった……」と悩み続けている。しかし、叔父が生きている間は借り換えもままならないだろう。

現在のように低金利が続くと、固定金利を選んで後悔している人が多い。ただし、これから先はどうなるか分からない。そこが、住宅ローン選択の難しいところである。

◆購入時の失敗談

アベノミクスで固定金利が有利?

金利上昇リスクにおびえるFさんとNさんの例は失敗談とはいえないが、この問題で足踏みしている人が多いのも事実。金利タイプの選択については一言書き添えておこう。

このところ増えてきた質問が「インフレで金利が上がることを見越し、住宅ローンは35年固定にしたほうがよいか?」というもの。インフレになると、金利が大きく上昇するかもしれない。だったら、今のうちに2%程度の35年固定を選んだほうがよいのではないか、というのである。

ギリシャのようにインフレが進んだ国の状況をみると、心配になるのは当然。35年固定を選びたくなる気持ちは分かる。でも、慌てて35年固定に飛びつくのはいかがなものか。

確かに、インフレの国では金利が上がる。が、金利が大幅に上昇するのは、インフレが著しく進んだとき。安倍政権はそこまでのインフレを目指しているわけではない。「年2％の緩やかなインフレ」を目指している。それを実現するためには、金利を低い水準に保つ、というのが基本姿勢。つまり、緩やかなインフレが継続する間は、金利は低い水準に保たれる。

そう考えると、まだ低い水準の変動金利を選んでよいと思われる。金融機関としては、金利の高い35年固定を選ぶ人が増えてほしいところだろうが……。

とはいっても、将来、インフレが暴走する可能性はないとは限らない。金利が大幅に上がる可能性はゼロではない。ただし、そのときには同時に貨幣価値も下がるはず。すると、返済負担はさほど上がらないと考えられる。いつの時代も、固定か変動かは、難しい選択。簡単には結論が出せないのだ。

◆購入時の失敗談

使いづらい「新しい工夫」

住宅には、「新しい工夫」が珍しくない。新しい発想で、従来にない間取りや設備を設置する。買い手は目新しさに思わず飛びつきたくなるが、そのなかには体験に基づかず、頭で考えただけのアイデアがあるから要注意だ。頭で考えただけだから、実際に使ってみると役に立たないケースが少なくない。それらを私は、屁理屈工夫と呼んでいる。その例を紹介しよう。

40代の主婦Uさんは、建売住宅を買うとき、「リビングイン」という発想の間取りにひかれた。リビングが住戸の中心となり、子供部屋に行くときは必ず、リビングを通る。「これで、子供の非行を防ぐことができる」と説明された。

実はその主婦、子供との関係がよくなかった。仕事を持ちながら子育てし、一時期仕事にのめり込んだため、反抗期の衝突が激しかったのだ。関係を改善するため、「リビングイン」の間取りに飛びついた。新居での生活が始まると、リビングで子供部屋の出入りをチェック。すると、子供から「ウザイ」の声。やがて、子供が帰宅しない日が増えだした。祖母からは「間取りだけで、子育てがうまくいくはずないでしょ」と諭された。考えてみれば、当たり前のことだった。

それほど深刻ではない失敗をしたのが30代後半の男性Wさん。「親子で入浴しやすい」という大型バスタブをオプションで選んだ。この大型バスタブは、子供が一緒に入浴してくれなくなると、ムダに広いだけ。妻が「お湯がもったいない」と言いだし、お湯張りを浅くする。すると、底の方にたまったお湯に、無理して肩まで浸かろうと苦労するハメに。湯船を大きくしているために洗い場が狭く、髪を洗うと泡が湯船に飛ぶ。体を洗うときに肘が湯船の縁に当たることもある。まさに、痛い失敗である。

◆購入時の失敗談

「おまけ」は得なのか損なのか

建物が完成しても、まだ分譲を続けている「竣工済み物件」。販売も最終のタイミングになると値引きが行われがちだ。さらにおまけが付くというケースが多い。

このおまけにひかれたのが、地方公務員のEさんだ。モデルルームとして公開されていた住戸を買ったので、「照明器具とカーテンを全て付けます」と言われた。「総額で300万円以上する品物です」との説明だった。

500万円の値引きを提示されたうえに、300万円のおまけ！ Eさんは購入を即決した。しかし、新居に引っ越してから、疑問が生じた。「この照明器具とカーテン、本当に300万円もするのかな」。

たいして素敵なデザインではなかった。照明器具はむしろ時代遅れの印象。妻の母親は、「変な照明だね」と言い切った。正価は300万円でも、実際には半額以下に値引きされているような代物だった。買い替えようかと思ったが、捨てるのももったいない。なまじ変な照明が付いているのが、アダとなってしまった。

一方、おまけを断り、「その分を値引きして」と交渉したのが美容師Tさん。おまけとして提示されたのは「食器洗い機をランクアップする」というもの。「うちは標準タイプの食器洗い機でいいから」と断り、5万円の値引きを上乗せしてもらった。

ところが、ランクアップにと提示された食器洗い機が、後でかなりの優れものと分かった。「深型」というもので、換気扇のフィルターまで丸洗いできるタイプだったのだ。「そっちのほうがよかったのに」と、今も妻の文句が続いている。

◆購入時の失敗談

非接触キー、付いている？

今やマンションでオートロックは当たり前の設備になっている。マンション全体の入り口（エントランス）に自動ドアを設け、居住者もしくは居住者に許可された人にしか自動ドアが開かない仕組みである。さらに近年は、エントランスだけでなく、エレベーターに乗る手前にも同様の自動ドアを設けるケースが増えている。

このオートロック、セキュリティ上の効果は大きいが、居住者が出入りするときは手間がかかるという短所もある。初期の方式では、玄関ドアのキーを所定の鍵穴に差し込んで回した。これで、自動ドアが開く仕組みだ。

そのうち、鍵穴に差し込まなくても済む方式（非接触キー）が登場した。キーにICチップを埋め込むなどの工夫で、キーをかざすだけで、自動ドアが開くようになったのだ。さらに、最新式は車のETCのように、キーを携帯するだけで（キーはポケットやバッグの中でOK）、自動ドアが開くシステムが生まれている。

ところが、新築なのにいまだにキーを差し込んで回さなければ自動ドアが開かない、というマンションもある。分譲価格を抑えるため、わざと旧式の設備を採用しているのだ。購入時にそこまで調べないと、新居での生活が始まってからがっかりする。これは、けっこう多くの人が経験する失敗談だ。

このほか、食器洗い機が付いていると思ったが、なかった。免震構造だと思ったら、通常の耐震構造だった。もっとすごいのは「最上階だと思って買ったら、上の住戸があった」など、肝心なところを勘違いしたままマイホームを買う人が案外少なくないのである。

◆購入時の失敗談

駐車場の悩みが尽きない

「駐車場付き」がマンション購入の絶対条件という人がいる。マイカーを手放せないという人たちだ。そういう車好きは、郊外で駅から遠めのマンションを狙う。多少〝交通不便〟であるほうが、駐車場設置率が高いからだ。

金属メーカーの研究部門に勤めるWさんもそんな車好きの一人。駐車場が利用できそうで、値段の安いマンションを探した。見つけたのは神奈川県内で海に近い場所のマンション。値段が安い。そのわりに外観がかっこいい。気に入ったが、第1期の申込日は仕事が忙しくて行けなかった。結果を聞くと、第1期分は即日完売だった。

「第2期こそは申し込むぞ」と意気込むと、意外な言葉が。「駐車場は第1期申込者優先で、すでに全スペース埋まってしまいました」。えーっ、そんなこと聞いてないよ。マンションは気に入っているのに、駐車場がない……。Wさんは今、迷いに迷っている。

一方で、入居後に駐車場を増やしたマンションもある。食品卸に携わるCさんのマンションでは、10年ほど前、管理組合での話し合いを重ねて機械式の駐車装置を導入した。

5000万円ほどかかったが、管理組合名義でローンを組み、毎月の返済は駐車場利用者が払う使用料で賄うもくろみだった。

ところが、5年も過ぎるとマンション内の車所有者が減り、駐車場に空きが目立ち始めた。もくろんでいた駐車場使用料も減り、毎月、建物の修繕積立金からローンの返済金を借りる始末。このままでは、まずい。こちらは深刻な悩みが生じている。

◆購入時の失敗談

月極駐車場には、いずれビルが建つ

日本の住宅は、南向きが喜ばれる。高温多湿の日本では、家の中にカビが生えやすい。そこで、乾いた空気と日差しが入る南向きが好まれてきたわけだ。

駅に近く、南向きの中古マンションを買ったのは、30代はじめの公務員Gさん。駅まで徒歩2分で便利。マンションの南側は大きな月極駐車場になっており、そのおかげで前を遮るものがなく日当り良好。こんな好条件の物件はめったにない、と飛びついた。

異変が起きたのは引っ越してから1年が過ぎた頃。ある日、車で埋まっていた月極駐車場から車がなくなった。見に行くと入り口にロープが張られ、建築計画の看板が。月極駐車場が、マンションと同じ高さのビルになるというのだ。早速、マンション管理組合が調べると、敷地をめいっぱい使い南側をふさぐようにビルが建つ計画になっていた。

そんな理不尽なことが許されるのか。弁護士に相談すると、マンション一帯は「商業地域」に当たり、目の前をふさぐ建築も許されるとのこと。「住居地域などでは、許されないんですけどねえ」とつれない返事。日当たり良好マンションが、突然昼も暗いマンションになるかもしれない。住民は不安におののいている。

Gさんのマンションに隣接して別のマンションがあり、そちらもビルが新築されれば、日陰になってしまう。そのマンションにはGさんのいとこが住んでいるので話を聞くと、意外な事実が分かった。いとこのマンションは比較的新しく、各住戸に24時間換気装置がついている。この装置が付くと、日当たりが悪くてもカビの心配が少ないとのこと。Gさんのマンションにそんな装置はなく、ますます落ち込んだのである。

◆購入時の失敗談

土日の見学だけでは分からない

首都圏の郊外で建売住宅を買った雑誌編集者Jさんがいる。都心まで約1時間。通勤便利とは言い難いが、自然が身近だ。水車のある公園も近く、休日に現地見学した帰りに寄ると、ピクニック気分も味わえた。

「こんなところで子育てできたら最高」と夫婦の意見が一致。3860万円と値段も手頃だったので購入を決意した。

土日を含む3連休で新居への引っ越しを終え、いよいよ新しい生活が始まるという週明け、一家はただならぬ騒音で目が覚めた。4歳と1歳の子供は音に驚いて号泣。父親がパジャマ姿のまま外に飛び出すと、隣のご主人も外にいた。

「何が起きたんですか‼」。しかし、隣のご主人はけげんな顔。実は朝刊を取りに外に出ただけで、音に驚いていたわけではなかった。

「ああ、この音ね。近くの米軍基地から出る戦闘機のエンジン音」。「それじゃあ」と家に入ろうとするのを止めて、さらに聞いてみた。

戦闘機は小さくてもジャンボ機並みの音を出す。テレビの音も聞こえなくなるほどの騒音だ。でも休日は基地も休みなので、静かとのこと。Jさん一家は、その休日にしか、現地見学をしなかったのだ。そういえば、住宅の販売員は「米軍基地が近いので、音の問題が出ることがあります」と言っていた。このことだったのか、と気づいたときは後の祭りだった。

同様の失敗をしたのは、医師と看護師のM夫妻。日曜日に2回見学しただけで、マンション購入を決めた。ところが実際に生活が始まると、やたらに漬け物の臭いがする。平日は近所の漬け物工場が操業し、風向きによって臭いが漂ってくるのだ。

現地の確認は、休日の昼間だけでなく、平日の昼間と夜で複数回行う。それが、最低限の心得である。

◆購入時の失敗談

免震？ 耐震⁉ 紛らわしい

横浜市内で建売住宅を買った教員のHさんは、東日本大震災が起きた日、上野の勤務先から歩いて帰った。その所要時間が、じつに7時間以上。4時に出発して、家に着いたのは深夜だった。最後のほうは、上り坂と下り坂がいくつも続き、へきえきした。以来、坂道が大嫌いになってしまった。

その点、都内で超高層マンションを買った銀行マンUさんは、帰宅の苦労がなかった。都心部の銀行支店から1時間余り、道も平坦で、軽い運動をした程度だった。しかし、携帯電話がつながらず、家にいる妻の状況が分からない。不安を抱きながら帰り着くと、妻の顔が深く沈んでいた。地震の揺れが想像以上にひどく、立っていられなかった。嘔吐もしたという。

そんなはずはないと、Uさん。揺れないように、免震構造のマンションを買ったのだから。「免震構造だから買ったのに、やっぱり揺れるのは、おかしいじゃないか」。週が明けてから、Uさんは不動産会社に電話をした。すると、電話の向こうから「いや、免震構造ではありません」の声が。30分かけて説明を聞いた結果、やはり免震構造ではなく、耐震構造だった。耐震構造は、どのマンションにも採用される通常の構造。地震のときは当たり前に揺れる。でも、倒壊はしない。

購入時に、「このマンションは地震に強いですか」と聞き、「はい、大丈夫です」と言われ、Uさんは勝手に当時話題の免震構造だと思い込んでしまったのだ。

事態が明らかとなった今、「もうここに住みたくない」と妻に告げられ、Uさんは途方に暮れている。

◆購入時の失敗談

地震対策はまず、自分で手を打つ

東日本大震災から4年たつが、地震への恐怖は消えることがない。気になるのは、わが家は地震に強いのか、弱いのかである。その目安をつける、初歩的な方法がある。それは、地盤の強さと基礎の強さを自分で確認することだ。

地震の専門家に話を聞くと、みな口をそろえて「地盤の固さが何より重要」という。地盤が固ければ、同じ震度でも揺れ方が小さい。地盤が軟らかければ、揺れが大きくなる。そこで思い出したいのは、東北や関東の人であれば、２０１１年3月11日、わが家はどれくらい揺れたか、だ。

同じ町でも、場所によって揺れ方は異なる。私の家は、幸いなことに揺れ方が小さく、棚から物が三つ落ちただけ。同じ市内で、外壁が崩れたビルがあることを考えると、地盤が固いといえるだろう。

逆に大きく揺れて、本棚など家具が倒れた、という場合は、地盤が弱い可能性がある。揺れ方がひどかった家は、建物の耐震補強や家具の転倒防止を考えたほうがよいだろう。これから買う場合は、第三者機関の調査結果などを調べ、慎重に検討すべきである。

次に、戸建て住宅の場合は基礎をチェックしたい。基礎は、板状のベタ基礎が地震に強いとされる。簡単にいうと、地面の上に鉄筋コンクリートの板を敷き、その上に家を建てる方法だ。昔ながらの布基礎（板状ではなく、必要な箇所にだけコンクリートの基礎を設置する方法）よりも揺れに強いのは間違いない。ベタ基礎になっているかどうかは建築時の資料を見たり、建築した会社に聞けば分かる。

この二つは、誰にも簡単にできる初歩的なチェックポイントである。

◆購入時の失敗談

第三者機関でも調べてみる

果たして地震に強い地盤に建っているのか……。マイホームをこれから買う人も、買った人も、誰でも気になるところだろう。

それは、インターネットで調べることができる。例えば内閣府の「表層地盤のゆれやすさ全国マップ」がある。これは全国規模で揺れやすい場所を示したもので、このサイトから各自治体が発表しているハザードマップに飛ぶこともできる。私の個人的意見を申し上げると、これだけ見て安心できないし、逆に不安を募らせることもない。一応の目安として閲覧し、今後の参考にすればよいというものだ。

参考とは、地震で揺れやすいことが分かれば、家具の転倒防止策を講じたり、戸建て住宅の場合は耐震補強をするといった対策に役立てるという意味である。

これから新築住宅を買う人の場合、「性能評価」が付いているかどうかをしっかり確認したい。設計住宅性能評価と建設住宅性能評価（これは工事完了後に出る）の両方が付いていれば安心だ。中古住宅を購入するときは、専門家に精査してもらうとよいだろう。この精査はインスペクションと呼ばれ、建築士が集まるサイトなどで依頼することができる。また、大手の不動産仲介会社では、物件を紹介するだけでなく、有料でインスペクションを引き受けてくれることもあるので、問い合わせてみるとよい。

インスペクションの費用は通常、５万円から10万円程度。安くはないが、それで安心できるなら納得できる金額だろう。

◆購入時の失敗談

ゴミ集積場とご近所関係

マンション暮らしよりも温かいご近所づきあいをしたい。そう考え、東京市部で建売住宅を買ったのがＩＴ企業のシステムエンジニアＳさん。33歳のときのことで、親から資金援助を受けての購入だった。

しかし、Ｓさんがお隣さんと接触する機会は意外に少なかった。その機会ができたのは半年後。自治会の班長にあたる人が訪ねてきて、相談があるという。聞けば、ゴミ集積場の前にある家からクレームが出ている。ゴミが臭いので、集積場を変えてほしいというのだ。新集積場として狙われたのが、Sさんの家の前。夫婦共働きのため、日中は留守がちなので、「支障はないでしょう」と言われた。最初は抵抗したSさんだが、「近所と波風を立てたくない」と承諾した。

その後、妻が住宅購入時に渡された重要事項説明書でゴミ集積場に関する項目を見つけた。そこには、「集積場の変更不可」の文字が。思い返せば、ゴミ集積場に近い家は分譲価格が割安だった。ゴミ集積場が近い分、家を安く買ったのに、集積場所の変更をごり押しするとは！　怒ったSさんだが、今さら文句を言っても、ケンカになるだけ。戸建てなら、近所仲良く暮らしていけると思ったのが甘かった。

Sさんだけでなく、戸建て住宅の濃密な人間関係に悩む人もいる。中学教師のKさんは、休みを利用して家族旅行に行くと、その都度詮索されるのにへきえきしている。「どこに行くの？」「何日？」——うっとうしいので、夜中に出発するようになった。まるで夜逃げみたいで、楽しみも半減。ご近所さんは、いったん隣り合わせたら選び直せない。だから、いろいろな問題が起きてしまうのだ。

◆購入時の失敗談

親世代は現実を知らない

2008年秋のリーマンショック以降、首都圏の分譲住宅は売れ残り、価格が下落の一途をたどった。最初の売り出し価格に×印を付け、値下げ価格を打ち出す新築マンションも少なくなかった。その余波が続く2010年に、埼玉県内でお手頃物件を見つけたのが運送会社に勤めるOさん。最初3980万円だった3LDKを、2850万円で売るというのだ。1000万円以上の値下げで、その金額なら毎月のローン返済が9万円ほどで済み、当時払っている家賃より安かった。

「家を買おうと思うのだが……」。神戸に住む父親に話した。親父も喜んでくれるだろう。そう思っていたのだが、父親の反応は違った。「まだまだ下がる。今はやめておけ」。テレビの経済番組を見てそう思ったようだ。

「家賃より安いんだから、損はないよ」。説得しても、父親は頑として譲らない。別に、資金援助を頼んだわけではない。でも、「金を出さない親ほど口出しするんだ」と同僚が教えてくれた。お金を出せない分、一生懸命アドバイスしようと張り切るからだそうだ。その同僚も、過去に同じ経験をしたという。「親の反対で買い時を逃した。ところがその後、値段が上がり始めたときにまた、親が連絡してきたんだよね」。同僚の親は、「テレビで、今買わないと一生買えないと言っている。少し援助してやるから、早く買え」とせっついたそうだ。結局、同僚は値上がりしたマンションを割高で買うハメに陥った。

その話を聞いてOさんは、あえて親の反対を押し切って、自分の判断でマイホームを買う決心をしたのだった。

◆購入時の失敗談

家を買ったら転勤、離婚

銀行に勤めるEさんは、32歳のとき、東京都の市部に新築マンションを買った。「まだ早い」と同僚からいわれたが、Eさんはマイホームに特別な思いがあった。Eさんが小さい頃に親が離婚し、母と2人で小さな借家暮らしを続けて育ったため、なんとしてもマイホームをと憧れていたのだ。

文字通り夢のマイホームに移ってすぐ、妻のお腹に2人目の子供ができた。上の子から

7年後で、半ば諦めていた子供だ。まさに、順風満帆……と思っていたところに、転勤の内示が降ってわいた。大阪への転勤で、単身赴任せざるを得ない。マイホームで親子4人の生活を夢見ていたEさんは、がっくりと肩を落とした。

「だから言っただろう」と同僚。「家を買うと危ないんだよ」。

サラリーマンには、「家を買ったら、転勤」というジンクスがある。住宅ローンを組むと退職しにくい。だから、嫌な転勤も引き受けざるを得ない。「それで狙われるんだ」と同僚は言うのだ。そんなことはない。偶然、重なっただけとEさんは思うのだが、やはり内心は複雑だった。

一方で、家を買った直後に離婚したのは、塾講師Nさん。もともと夫婦仲が良好ではなく、家のなかに冷たい風が吹いていた。それでも、マイホームを買うという共通の目的がある間は、会話も多かった。しかし、家を買ってしまうと元の状態に戻り、夫婦の間の溝がさらに深くなり、離婚に。「家を買うと離婚」――これもまた、よくある話なのだ。

もう一例。以前、雑誌の企画で家を買ったばかりの家庭を訪ね、喜びの声を取材する仕事があった。家族の写真付きでページに載せるのだが、「家族一緒に」と念を押したのにもかかわらず、取材日に夫が留守という家があった。ご主人がいないと絵にならない、と再撮影をお願いし、「いつならご主人が在宅ですか」と聞いた。奥さんは「さあ……」と言う。今度の土曜は？「さあ」。日曜は？「さあ」。

煮え切らない答えに、ああ、これはアレだなと察して、家族一緒の写真は諦めた。アレとは、帰宅拒否というか、離婚の一歩手前の状態。新築直後に離婚間近というケースだ。せっかく夢のマイホームを手に入れたのに、なぜ離婚するのか。理由は、「共通の目的の喪失」だと思われる。

別の家では、奥さんとその母親から話を聞いているところに、ご主人が帰宅。夫が話の輪に加わったとたん、妻と母親はさっとその場からいなくなってしまった。

そんな状態だったら、初めから買わなければよいのに。そう言いたくなるが、本人たちは何とか夫婦仲を修復したいと思っている。だから、家も買う。でも、結局は別れて、ため息だけが残る。

◆購入時の失敗談

シニア住み替えはタイミング勝負

自営業のDさんは家業を長男に継がせ、半分隠居の生活に入った。庭付き一戸建ても長男に譲り、自分と妻は駅に近いマンションを物色中。暖かいマンション暮らしのほうが快適だと考えたからだ。

ようやく見つけたのが「定期借地権付き」というマンション。50年後には借地権が切れ、住めなくなるのだが、その分、値段が安く、立地もつくりも良かった。どうせ50年先までは生きていないし、これでいいかな。決断する前に、世話になっている税理士に相談してみた。物件の説明を聞いて、税理士が出した答えは、「よく分からないけれど、やめておいたほうがいいんじゃないですか」。

税理士にそういわれて、迷いが出た。やめたほうがいいかな。妻と毎晩、話し合った。が、ある日ハタと気がついた。「よく分からないけれど」とは、いったい何だ。知識も根拠もない素人の勘じゃないか。家を買ったこともない若い税理士の勘などアテになるか。あわててマンションの販売センターに電話すると、「人気があって、完売しました」。マンションの前を通るたびに税理士の顔が浮かんでしまうDさんだった。

同じくシニアで、駅前で理髪店を営んでいたFさんは、店を売って、熱海のリゾートマンションを買う計画を立てた。これに反対したのは、息子と娘。「今の店は駅前で価値が高い。熱海のマンションは値下がりする」。だから、買い替え反対というのだ。結局、店をたたんだ後、Fさん夫婦は店の2階にある日当たりの悪い6畳間での生活を続けている。

◆購入時の失敗談

縁起を担ぐのも、ほどほどに

「南東角住戸で、北西の角にキッチンのある3LDKはありませんか?」。

マンションの販売センターに入るなり、そう質問してきた若夫婦がいた。親戚の叔母さんが風水に凝っており、その条件に合う間取りを買えと勧められたそうだ。

「南東角の住戸はたくさんあります。でも、北西角にキッチンという3LDKは……」と販売員は答えに窮した。どう考えても、そんな間取りはないと思えたからだ。

通常、南東角の3LDKならば、リビングを南側に配置する。北側は寝室が2つ。キッチンはどう考えてもLDに隣接する中央部に配置される。販売員は説明しながら内心、「どうやったらキッチンを北西角に配置できるんだよ」と、笑いをこらえていた。

マイホーム購入で縁起を担ぐ人は少なくない。かくいう私も、親戚の〝助言〟でマンションへの引っ越しをずらしたことがある。本当は3月末に入居できたのだが、1カ月待った。まあいいか、とずらしてみたら、これが大正解。3月末は引っ越しが集中し、マンションの敷地内もエレベーターも大混雑。その混乱を避けてゆったり引っ越しできた。そして

3月の引っ越しシーズンを外したため、引っ越し費用自体が安くなった。加えて、使用済みの段ボール箱を大量に譲り受け、引っ越し費用をさらに節約することもできた。

そんなアドバイスなら悪くはないが、ありえない間取りを探せという助言はノーサンキューといいたい。

◆購入時の失敗談

〝安さ〟の理由を見極める

購入の失敗談をまとめてみよう。一つは皆、「失敗したくない」と考えつつも「安さ」や「有利な購入」に心ひかれ、結果として意図せぬ買い物をしてしまいがちだということだ。

「安物買いの銭失い」という言葉がある。値段の安さにひかれて購入すると、劣悪品で結局損をすることになりがち、という戒めだ。マイホーム購入で、そのような〝銭失い〟をしたくないという人たちのために、チェックポイントをお教えしよう。

マンションの場合、注意したいのは、浴槽(バスタブ)の中身。断熱材が中に入っているのが保温浴槽と呼ばれるもので、お湯が冷めにくい。低価格マンションでは、この断熱材を省くケースがある。断熱材が省かれても、外見からは分からない。だから、販売センターで質問して確かめてほしい。もし省かれていたら、その他の部分でも密かなコストダウンが行われていることが懸念される。

システムキッチンでは、引き出し収納が多く、しかも引き出しがゆっくり閉まるソフトクロージング機構付きが最良だ。コストダウンが行われると、まずソフトクロージング機構が省かれる。次に、引き出し式が扉式に変わる。観音開きのような扉を多用しているのは、かなりコストダウンしている物件だ。

室内のドアは重厚感があり、実際に開閉したとき重たい感じがするものは高級。それが軽い感じになると、値段が安い証拠である。ここも見極めポイントになる。

浴室のサイズも要チェックだ。ファミリータイプの場合、浴室サイズは1418(洗い場と浴槽を合わせたサイズが幅1・4×奥行1・8メートルの規格)以上が基準になる。

1317（同1・3×1・7メートル）までは許容範囲だが、1216（同1・2×1・6メートル）サイズ以下になると、くつろぎ感が損なわれる。安い物件は、以上の点を考慮し、買うべきかどうか、慎重に決断したい。

安普請では元も子もない

◆購入時の失敗談

割安物件は、建物の構造も〝節約〟しているのではないか。つまり手抜きが行われているのではないか、という不安を抱きがちだ。

その点については、まず基本的に2005年に起きた「構造計算書偽装問題」以降、建築に関する事前審査、建築時検査が厳しくなり、手抜き工事や違法工事は少なくなった。しかし、仕様レベルの低い建物はいまだに存在する。それを見極める方法をいくつか紹介しよう。

マンションの場合、使用されるコンクリートの強度を確認したい。というのも、コンクリート強度で建物の耐用年数がおおよそ判定できるからだ。現在、マンションに採用されるコンクリート強度は21ニュートン以上が当たり前。これが24ニュートン以上になると、耐用年数は60年から80年とされる。この24ニュートン以上が、買っていい最低限の目安だ。27ニュートン以上になると、耐用年数は80年以上となり、さらに評価が高まる。ニュートンというのは聞きなれない単位だが、パンフレットを良く見ると構造のところにたいてい表記してあるし、販売センターでも聞けば教えてくれる。

次に、床や壁に使われるコンクリートの厚さ。建築基準法では10センチ以上と定められているが、10センチ程度では隣接する住戸の音が聞こえやすい。そこで、分譲マンションでは15センチ以上にするのが常識になっている。それどころか、20センチ以上、ときには30センチにする物件もある。今、買っていいのは、最低限15センチ以上。できれば20センチ以上の厚みを目安にしたい。

もう一つ、タイル張りやガラス面が多い外観も高評価だ。コストダウンを図ると、吹き付けタイル仕上げやアルミ素材の部分が多くなってしまう。しかし、外観は資産価値と日々の生活の満足度に直結する問題だけに、安易に妥協しないほうが望ましい。

◆購入時の失敗談

男と女の家探しの決め手

家を買うとき、男と女では選び方の感覚が異なる。興味を示すポイントが違うし、判断基準も別物だ。

例えば女性はまず、キッチンに注目する。洗面所も好きで、収納スペースの内部にも興味津々。そこで不動産会社も設備メーカーも力を入れるため、キッチンと洗面所の設備は進化のスピードが激しい。次々に新製品が開発され、購入を検討する女性の気を引こうとする。マンションのモデルルームでは、収納スペースの説明に力が入れられる。

一方で、男性が興味を示すのは浴室。帰宅してからの風呂は楽しみであるからだ。そのため、モデルルームではオプションの浴室テレビや浴室用スピーカーを設置し、男性の興味を引こうとする。

しかし浴室より、男性にとって最大の関心事は「お金」。資産価値とかリセールバリューの話が出ると、とにかく目の色が変わる。いずれも多くの女性にとって興味のない話。それよりも、女性は建設地やモデルルームを見たときの直感を大事にする。

このように、男と女では家の探し方が異なる。では、どちらが主導権および決定権を握ればよいのか。私は、主導権は男性、決定権は女性が握ったほうがよいと思っている。多くの候補から絞り込む作業――これは、女性より男性のほうに向く仕事だ。しかし、最後に一つを決めるときは、女性の勘が働き、正しい判定をする。だから、主導権は夫が握りつつも、最後は妻が決めたほうがよいのである。それが、多くの成功者、失敗者を見て、得た私の結論だ。

◆売却時の失敗談

手付金放棄を余儀なくされた

商社に勤めるBさんは、底値買いの達人だった。練馬区内で最初のマンションを買ったのは、1987年。バブルが始まる直前で、3LDKを3800万円で底値買いした。そのマンションを息子に譲り、次のマンションを江東区内で買ったのは2003年。こちらも2LDKが3400万円という、ほぼ底値だった。とにかく安い時期にタイミングよく買っていた。

そのBさんが3回目の購入を決意したのが2011年の夏。東日本大震災の後、湾岸埋め立てエリアでマンションの売れ行きが鈍ったときだった。「今なら買い叩ける」と強気に交渉。600万円以上の値引きに成功し、竣工済みのマンションの2LDKを3000万円台半ばで契約した。あとは、住んでいるマンションを売るだけだ。ところが、この売却がうまくいかなかった。「買ってもよい」という人はBさん同様、強烈に値引きしてくる。希望売却価格から1000万円引けという猛者もいた。

これでは買い替えは無理だと、契約したマンションの契約解除を打診した。すると、「解除の場合、手付け金は返せない」との答え。Bさんは500万円を手付けとして払っていたので、それを放棄しなければ解約できないといわれたのだ。

こういう事態を防ぐため、契約に際しては停止条件（手持ちの家が希望価格で売れないときは契約を解除し、手付け金は返還されるという条件）を付けるケースが多いのだが、Bさんはうっかりして付けていなかった。成功体験に甘えて、不動産取引をなめていたのだ。Bさんは頭をかかえたが、時すでに遅しである。

◆売却時の失敗談

「値上がりマンション」の裏事情

「わが家は思ったより高く売れるぞ」と、喜んだのは繊維メーカーに勤めるRさん。首都圏郊外で急行停車駅から徒歩5分の大規模マンションを8年前に購入。新築時に3800万円だった3LDKが「4500万円で売れる」という雑誌記事を、つい最近読んだのである。

その記事は、首都圏各地の中古マンション相場をまとめたもので、Rさんのマンションは「中古での値上がり率の高いマンション」の一つとして取り上げられていた。

値上がりしていると書かれて悪い気はしない。それどころか、「高く売れるなら、売ってもよい」と考えだした。妻も「売って、もっと広いマンションに買い替えようよ」と身を乗り出した。

次の日曜日、二人はいそいそと駅前の不動産店に出かけた。「うちのマンション、高く売れるんでしょ」。対応した店員は、「ああ、それね」と顔をしかめた。「お宅のマンションに、無茶な値付けで売りに出している人がいるんですよ。どうしても4500万円で売りたいって」。

しかし、高すぎるので1年たっても売れない。1年間、売り物件として掲出され続けると、不動産市場の取引データでは「4500万円の物件が毎月1物件ずつ、1年間で12物件出ている」とカウントされることがある。それで、〝値上がりマンション〟と評価されたのだった。現実は「売り値」であって「成約価格」ではないから、絵に描いたモチである。

中古マンションの取引価格データの中には、このように「売り出し価格」で集計されるものがあって、Rさんのような勘違いやぬか喜びを生じさせてしまうのである。

◆売却時の失敗談

今どきあり得ない仲介会社

マイホームは不動産仲介会社を通して売却するのが一般的だ。個人売買することも不可能ではないが、リスクがある。詐欺にひっかかるかもしれないし、購入者が住宅ローンを組む場合、個人売買では銀行が信用しないかもしれない。安全性や確実性を考えると、やはり資格を持った仲介業者に取り持ってもらったほうがよい。そこで問題になるのが、どの仲介業者に依頼するかである。

自動車メーカーに勤めるHさんは郊外の戸建てを売るとき、利便性第一で仲介会社を決めた。自宅近くではなく、勤め先のある都心部の仲介会社に依頼したのだ。会社の近くなら、仕事帰りにも寄りやすい。

ところが、仲介会社の担当者が困った顔をした。「郊外の○○市ですか、相場が分からないなあ」。悩んだ末、「とりあえず、国土交通省が出している公示地価を頼りに値段を決めましょう」。国が出している土地の値段なら、それでいいか、とHさんも納得。売り物件として出すと、1週間もたたないうちに買い手が現れた。値引きを求められるかなと思ったら、売り出し価格のままでよい、という。「これは、ラッキーです」という担当者の言葉に押されて売買契約を結んだ。

「それはラッキーじゃなくて、アッホーだ」と友人に指摘されたのは1カ月後。公示地価など国が発表する数字は実勢価格より安く設定されるもの。その値段で売ったら大損だと聞かされた。家を売るときは、地元の不動産仲介会社など土地の相場に詳しいところに頼むべきだったのである。

◆売却時の失敗談

既存不適格だから安く売ったのに

商社勤めのKさんが1980年代に購入したマンションは、今では「既存不適格」だった。既存不適格とは、新築時点では何も問題のない建物だったが、その後の法改正などにより、「今の基準に照らし合わせると違法建築となる」建物のこと。既存不適格といっても、ただ住み続ける分には何の支障もない。

問題は建て替えるときだ。老朽化した建物を壊して新しいマンションを新築するときには、現状の建ぺい率、容積率を守らなければならない。すると、どうしても現状より小さなマンションになってしまう。

マンションの所有者（区分所有者）全員で建設費を出し合い、それまでよりも狭いマンションに建て替える……そんな条件で合意が得られるとは思えなかった。

そこで、Kさんは建て替えの話が出る前に、中古として売却することにした。そろそろ建て替えになる老朽化したマンション、それも既存不適格だから、値段は安くなる。それでもよい、とKさんは叩き売った。

それから7年後、マンションは建て替えられたのだが、Kさんの予想に反し、話はスムーズに進んだ。というのも、隣接する食品会社の倉庫と一体開発を行ったからだ。倉庫の土地は広い道路に面していたので容積緩和の特例を受け、超高層マンションの建設が可能に。その結果、Kさんが住んでいたマンションの住民は1円のお金も出さず、新築マンションに移ることができた。そんな裏技があったのか‼　Kさんは悔しがることしきりだ。

◆売却時の失敗談

管理会社を替えなければよかった

航空会社に勤めるUさんが大田区内のマンションを新築で購入したのは15年ほど前。入居当初に管理組合の理事長を務めたことがあり、以後、なんらかの形で管理活動に関わってきた。

その管理組合で「管理会社を替えよう」という話が出たのは、5年前。当時の若い理事長が、「安い費用で管理業務を委託できる会社があるので、そこに替えよう」と熱心に働きかけたのである。Uさんは単に値段の高い安いだけでなく、中身も大事と考え、安易な変更に反対だった。しかし費用が安くなるのは魅力で、結局、「どこに任せても同じだろう」と多勢に無勢で安い管理会社に変更された。

これが大失敗。新しい管理会社は細かい気遣いに欠け、突発事態が起きても、休日は一切連絡がつかない。いつしか、マンション内に汚れやほころびが目立つようになった。替えなければよかったのに、といいだす人も出て住人同士の関係がぎくしゃくしだした。

Uさんも嫌気がさし、マンションを売ることにしたのだが、これがなかなか売れない。検討してくれる人はいるのだが、マンションを見に来ると、エレベーターホールが汚れている、自転車置き場が荒れているなどを理由に購入を見合わせてしまうのだ。

前の管理会社と現在の管理会社で、契約内容に差はない。しかし前の管理会社は、契約にないことや契約時間外のケアも積極的にやってくれていた。現在の管理会社は費用が安い分、契約内容以外のことはまったくしてくれない。その結果が清掃や整理の差になって表れたのだ。管理会社を替えた影響は大きいことに、Uさんは改めて気づいた。

◆売却時の失敗談

ゴネ得狙いが、見切り発車に

食品会社を定年退職したMさんが住んでいるのは、古い木造住宅。もとは平屋だったが、一部を2階建てに増築。平屋の上に2階を付け足したためか、地震が起きるとよく揺れた。最近は、どこからともなく雨漏りがするようになった。そろそろ建て替えようかと考え始めたのが8年前。同じころ隣接地に小学校の建設計画が持ち上がった。

もともと広い空き地だったが、予定地の端に5軒だけ個人住宅が並び、そのなかの1軒がMさん宅だったのだ。小学校建設計画を聞いて、Mさんは「これは、もうけるチャンス」と内心にんまりした。売り渋って、値段を吊り上げてやろうと考えたのだ。

すぐに、「小学校のために、土地を売ってください」という交渉が始まった。相場よりも少し高めの金額が提示されたので、他の4軒はあっさり売却に合意。しかし、Mさんはごねた。「この家には思い出が詰まっている。だから、いくらお金を積まれても売れない」。そう言いつつ、実際は、提示価格の1・5倍の金額なら売ってもよいと思っていた。

しかし、自治体にも予算があり、予算が適正に使われているかどうか、不動産鑑定士などが入って調べるため、そんなに出してはくれない。交渉が行き詰まり、Mさんは意固地になって、「何が何でも売らないぞ」と主張。その言葉を最後に交渉が打ち切られ、2年後には校舎が完成。Mさんの家は校庭の一部に食い込むように残ってしまった。

なんともみっともないし、そんな状態では今後、人に売ることもできない。今さら小学校用地として買い取ってくれと頼むのはしゃくだ。Mさんは途方に暮れている。

計画道路ができて超変形敷地に

◆売却時の失敗談

都内で小売店を営むSさんは、10年ほど前に、敷地の一部を売却した。自宅兼店舗前の公道を拡幅することになり、敷地を一部売ってくれと区役所から頼まれたためだ。

「御上の頼みでは、断れない」とSさんは二つ返事で承諾した。しかし、自治体は敷地全てを買い取ってくれるわけではなかった。欲しいといわれたのは、敷地の3分の2だけ。残り3分の1はいらないと言われた。「そんな中途半端な土地残してもらっても困る」と、全ての買い取りを要求すればよかったのだが、心優しいSさんはそうしなかったのである。

結局、古い家を壊し、3分の1だけ残した敷地に店舗兼自宅を新築することにした。新築工事を始めるのは、道路の拡幅工事が終わってから。残った敷地を見ると、これが想像以上に狭かった。道路に沿った敷地の幅は10メートルほど。それはいいのだが、奥行きは2メートル足らず。これじゃあ薄っぺらな家しか建たない。第一、ここにこんな家を建てると違法建築になってしまうのではないか……。

そこで相談したのは、この手の建築に強い地元工務店。工務店社長が区役所と掛け合い、〝特例〟として家の建築許可を得た。

どうにかできあがった家は急な階段を上り下りする木造3階建て。家具を置くと、廊下くらいのスペースしか残らない代物だった。この先いつまでこの家に住み続けられるのか。老人ホームに移るとしても、果たしてこの薄っぺらな家は買い手が見つかるのか。先のことを考えると、暗たんたる気持ちになるSさんだった。

◆売却時の失敗談

高値買い取りの、喜びとその後

日本中にバブルが起きたのは、約25年前。当時、都心部の不動産価格は嘘のように高騰した。港区内の戸建て住宅に住んでいたTさんにも、高値買い取りの話が来た。T邸は青山エリアで場所はよいが、土地面積は30坪以下で日当たりが悪い。しかも借地で地主は寺、当然高く売れないだろうと思っていた。ところが、提示された金額は3億円。驚いて返事を保留したら、追いかけるように「4億円でどうか」と言ってきた。税金を払っても2億円近く残る計算で、Tさんは舞い上がった。

売却して、その金で新たに購入した戸建て住宅は、千葉県だが東京に近い湾岸で、新しい街づくりが行われているエリアだった。土地が50坪もあり、日当たり良好。まさに、バブル長者になった思いだった。

そのTさんが「都心に帰りたい」と思い始めたのは、10年前からだ。会社を定年退職し、年金暮らしになると、高校や中学時代の友人に会う機会が増え、里心がついたのだ。故郷の青山近辺のマンションに移りたいと思い始めた。

しかし、2006年当時は不動産ミニバブルと呼ばれ、都心部ではマンションの値段が上がり、手が出なかった。2007年から下がりはじめたので、底値を待っているうちに、2011年の3月11日の東日本大震災が起きて、Tさんが住む分譲地一帯で液状化が起きた。幸い、Tさん宅の被害は軽微だったのだが、イメージが悪化してその一帯の不動産価格が下落した。

「なに、2、3年すれば元に戻りますよ」と地元の不動産仲介業者から聞かされたが、千葉より先に、都心の値段が上がるかもしれない。売買のタイミングをつかむのは難しい。こんなことなら早く売ってしまえばよかった。Tさんは悔やんでいる。

◆売却時の失敗談

内装を替えなければよかった

マイホームの売却は、空き家にして売る方法と、居住したまま売る方法がある。居住したまま売るときは、精いっぱいきれいに掃除をして内見者を迎え入れる。

証券会社に勤めるOさんも、居住したまま売るつもりだった。しかし、「それでは売りにくい」と同僚の売却経験者に教えられた。生活臭が染みついた家は売りにくい。値引きを要求されやすい。それよりも、空き家にして壁紙などを貼り替えたほうがよい、というのだ。

確かに、そのほうが見栄えはする。そこで、仲介会社に相談すると、すぐに内装のリフォーム業者を紹介してくれた。2階建て延べ床面積100平方メートルほどの戸建てで、壁と天井の内装を張り替えるとすると、見積もりが120万円と出た。Oさんは30万円くらいで収めるつもりだったので、だいぶ予算オーバーだ。

もっと安くできないかと相談すると、「内装材のランクを下げ、接着剤も安いものを使うなら60万円でできる」との返事。それでよい、とOさんは手を打った。自分が住むわけではないので質は関係なかった。

内装をきれいにした戸建てはさすが見栄え上々。そのおかげか、すぐに検討者が現れた。しかし、後で問題が生じた。

検討者の子供がアレルギー体質で、家に入るなり、咳が止まらなくなったのだ。内装材の接着剤が原因らしかった。「安い接着剤を使っていますね」と検討者。健康に良い材質で全て内装をやり替えるので、「その分値引きして」といわれた。その値引き要求額は200万円。そんなことなら、リフォーム費用をケチらなければよかったと、Oさんはほぞをかんだ。

◆売却時の失敗談

オープンハウス作戦でボロを出す

マイホームを売却するとき、「オープンハウス」という手法がある。売却する家を開放し、誰でも見学自由にして集客するものだ。

広告代理店に勤めるGさんも、オープンハウスで相模原市内のマンションを売った。その際、家の見栄えを高める作戦を敢行した。

まず、大部分の家具類を貸しトランクルームに預け、家を広く見せた。廊下の突き当たりに鏡を置き、奥行きが広がって見えるように工夫した。暗い印象になりがちな玄関には白い花を置いて、明るく。窓のない浴室、洗面所には、観葉植物を置き、息苦しさを解消した。仕事で付き合いのあるスタイリストのアドバイスに従ったのである。

その甲斐あって、見学者は皆、目を輝かせて室内を見てくれた。好印象を受けている証拠だ。が、リビングダイニングに入った瞬間に、一様に輝いていたはずの目がかげった。目線をたどると、みな天井を見ており、その天井がだいぶ汚れていたのだ。人間は初めての場所で上を見てしまう習性があり、見学者は天井に注目する。しかし、Gさんはここ数年、天井を見たこともなく、わが家の汚れに気が付かなかったのである。

客が途絶えたのを見はかり、慌てて煤払いをしたのだが、今度は家中にホコリが舞った。運悪く、そこに新たな見学者が来たのだが、ハンカチで口を押さえ、逃げるように帰ってしまった。

後で仲介業者に聞くと、「あの人が本命だったのに」と言う。せっかくの努力がただ1点のミスで台なしになり、Gさんはがっくり肩を落とした。

◆売却時の失敗談

先祖伝来の家を売るときの落とし穴

建設会社に勤めるBさんに、母親から電話が入った。家を売って老人ホームに入りたい、という相談だった。父親は5年前に他界し、今は母一人暮らし。出るべくして出てきた話である。「でも、家を売ったら税金が大変だろうと、心配で」と母。地方の古い家だが、駅に近い場所で敷地が500坪（約1650平方メートル）もあるため、それだけで6000万円にはなるはず。その半分を税金に取られる、と母親はおびえているのだ。

「そんなことはないよ」とBさん。建築業なので、多少は不動産の知識があり、「家を売るときは、利益に対して税金がかかる」ことを知っていた。3000万円で買った家が6000万円で売れれば、利益は3000万円。その利益に税金がかかるが、3000万円までは税金がかからないという特別控除があり、税金を払うことはない。

説明すると母親は、「だったら、東京の高級老人ホームも夢じゃないね」とうれしそうな声。そこで電話を切ってから、Bさんはハタと考えた。ところで、実家はいくらで買ったのかな。叔母に聞くと、「アンタのひいおじいさんが明治時代に建てた家で牛3頭分」

だという。冗談じゃない、とBさん。もともとの買値が分からないと、利益が算出できない。知り合いの税理士に聞くと、「原価の分からない不動産は売却価格の5％が原価になる」という。6000万円で売れた場合、原価300万円で、5700万円が利益。3000万円特別控除を超える2700万円に税金がかかってしまう。

母親の老人ホームをどうするか。Bさんの背筋に冷や汗が流れた。

◆賃貸での失敗談

名ばかりオートロックが蔓延

日本は狭いようで広い。住宅事情もさまざまだ。最後に不動産の中でも賃貸住宅事情と、その失敗談にもスポットを当ててみよう。日本にもまだまだ、びっくりするような話がけっこうたくさんあるのだ。

最近、賃貸マンションを借りるとき、部外者の出入りを制限するオートロック方式を希望する人は多い。初めて親元を離れ、東京暮らしを始める女子大生Uさんも「オートロック付き」を条件に賃貸マンションを探した。

しかし、オートロック付きマンションはどこも家賃が高く、予算オーバー。そんななかで1件だけ、家賃4万円の1Kでオートロック付きという格安物件があった。「ただ、少し古いオートロックですよ」と仲介業者。

古くてもかまわない。オートロックなら安心と、物件も見ずに契約。ところが、住んでみると様子が違う。建物エントランスに自動的にロック（錠）がかかるドアがあり、居住者は各住戸の玄関用鍵を使ってそのドアを開ける。そこまではいいのだが、自動ドアではなく、手で開ける普通のドア。当然、遠隔操作で開閉する仕組みはなく、各住戸につながるインターホンも設置されていない。

そのため、来訪者は携帯で居住者を呼び出し、玄関まで迎えに来てもらわなければならない。オートロックとは名ばかりで、「自動的にロックがかかるドア」があるだけだった。そうかと思うと、他の賃貸では、オートロックの横が背の低い垣根だけだったため、垣根をまたいで出入りする男が続出したケースもある。まさに〝隙だらけオートロック〟で防犯効果はほとんど期待できない。

さらに、管理の悪い賃貸マンションでは、オートロックの自動ドアが故障し、常に半開きの状態というところもある。防犯の効果は全くなく、かえって住民の出入りが面倒になっているだけというケースである。家を借りるときは、「オートロック付き」の説明だけで安心することなく、実地に赴き、作動具合と建物全体の防犯性を確認することが大切だ。

◆賃貸での失敗談

名ばかりデザイナーズも大問題

若い世代には〝デザイナーズマンション神話〟がある。東京に出たら、お洒落な賃貸に住みたい。かっこいいマンションに住めば、テレビドラマで見たような生活ができ、恋人もできると夢見がちだ。ところが、現実には恋人の前に問題が出てきてしまうから、困ったものだ。

都心の私大に進んだ男子大学生Hさんは、品川区内で、窓の大きなワンルームを借りた。窓の高さは、床から天井まで3メートル50センチもあった。住戸内にはロフトも付き、おしゃれなことこの上なしと、4月はご満悦。ところが5月、6月になるとあることに気づき、7月に確信した。この部屋は暑すぎる！

高さ3メートル50センチの窓から日差しが入り、まるで温室で暮らしているよう。暑さは10月まで続き、11月からは反転して冷え込みに襲われた。窓が大きすぎて暖房が効かないのだ。

同じように大きな窓のマンションを借りた女子大生Fさんは、窓外からの〝眺望〟に悩まされている。窓が大きすぎ、備え付けのブラインドは老朽化して、隙間が生じている。そこから室内をのぞき込もうとする男が続出したのである。向かいのマンションから天体望遠鏡をこちらに向けている男が見えた。夜中に、近くの木に登った若い男性と目があったこともある。これはもう、犯罪である。

思い切って、自前でカーテンを買いに行くと、当然ながら既製品ではサイズが合わない。オーダーすると、安い生地を探しても5万円を超える。とてもそんなお金はないので、親に泣きついて、どうにかカーテンを新調したのだった。

◆賃貸での失敗談

間取り図はあてにできない

家を選ぶときは、間取り図が重要な目安になる。この間取り図、分譲住宅では、縮尺や表記の方法がある程度統一されている。ところが、賃貸住宅ではまるでバラバラ。そのため、気を抜くことができない。

新潟から東京への転勤が決まり、都会では倉庫のような大空間の部屋に暮らしたい、と夢見ていた独身サラリーマンTさんもその一人。候補となる物件の間取り図を数枚送ってもらうと、そのなかに「何もない大空間」の間取りがあった。キッチンと浴室、トイレだけが描かれ、その他は何もない部屋。これなら、思うままの住まい方ができる！

ただし、気になるのは部屋の広さが書かれていないこと。「広いスタジオタイプ」とだけ書いてあり、家賃は10万円。都心部の家賃相場が分からないため、「10万円なら広いだろう」と思い込み、実物を見ないで即決。荷物を積んだトラックで上京すると、そこは6畳大のワンルーム。ベッドと机、本棚、タンスを入れたら、身動きが取れない。食器棚と食卓テーブルを外に放置したまま、トラックは帰って行った。

呆然としながら、改めて間取り図を見直すと、便器の絵が妙に大きい。そのサイズを基準に推し量ると「広いスタジオタイプ」は確かに6畳くらいの広さしかなかった。

そのほか、4人家族が借りたアパートで、「リビング」と書かれた部屋は、縁側のような2畳ほどのスペースだった例もある。

さらにひどい間取り図では、玄関とキッチン合わせて3畳ほどの空間にLDKと書かれていた。さすがに、これはおかしいと気づいた夫婦が実地に見に行くと、やはりLDKにはほど遠い。「これで本当にLDKなの?」とたずねたら、不動産仲介業者は「ちっちゃめのLDKです」とあっさり答えたのである。

◆賃貸での失敗談

収納にさんざん泣かされる

結婚と同時に中古マンションを購入。それまでは実家暮らしで、生まれて一度も借家暮らしをしたことがない30代サラリーマンDさんが、初めて賃貸を借りた。岡山への転勤辞令が下り、引っ越しとなったからだ。

勤め先の総務が用意してくれた候補住戸は三つ。その中から選んだのはメゾネット(2層式)の2LDK。広いルーフバルコニーがあり、リビングが20畳。お風呂には大きな窓も付いていた。それでいて家賃は12万円。東京ではとても住めないような部屋だった。

ところが、引っ越し当日、ある問題が発覚した。素敵なメゾネット住戸には収納スペースが一切なかったのだ。住んでいたマンションには、全てつくり付けのクローゼットがあったため、Dさんにはタンスを用意するという発想がなかった。タンスがないので、引っ越し業者の運搬箱に吊るしてあった服の入れ場所がない。運搬箱は回収されるため、ゼニアのスーツもディオールのドレスも床に重ねられた。

分譲住宅と比べ、賃貸住宅は収納が少ない。賃貸から分譲に移る場合は問題ないが、その逆だと、タンスや下駄箱を用意しなければならない。ここはしばしば盲点となる。

タンス購入にまつわる失敗は多い。祖父に泣きついて、大きなタンスを買ってもらった女子大生Sさんがいる。ガラスのスライドドアが付いたイタリア製の堂々たるもの。ところがこのタンス、賃貸アパートの狭い通路と玄関を通らない。結局、クレーン車を呼んで、窓から搬入。その費用が7万円もした！　将来、引っ越すときも同様の費用がかかる。Sさんは今はそのことを考えないようにしている。

搬入、搬出が問題なくできても、次の引っ越し先につくり付けのクローゼットがあると、今度はタンスが不要になる。泣く泣くリサイクルショップに二束三文で売り払う人も少なくない。結局、持ち家に落ち着かないと高級なタンスは買えないことになる。

入社以来、ずっと横浜市内の社宅に住んでいたサラリーマンCさんの場合、初めて民間賃貸を借りることになった。経費節減の動きで、社宅が全て廃止されることになったからだ。社宅は2LDKで家賃4万円だった。民間賃貸も安く借りたいのだが、世間の相場は高い。7万円まで予算を上げてようやく借りたのは、27平方メートルほどのワンルームだ。入居してみると8畳一間ほどのスペースで、とにかく狭い。収納スペースも最小限。半畳分ほどのクローゼットとベッド下の引き出しはあったが、下足入れがない。前の社宅には立派な下足入れがあったため、10足以上の靴をゆったり入れていた。その靴を収めるために、生まれて初めて下駄箱を買うハメに陥った。

手持ちの靴が全て収まる下駄箱は、かなり巨大。ところが、1年後に〝できちゃった結婚〟が決まり、新居に選んだ賃貸マンションはつくり付けの下足入れ付き。巨大な下駄箱が今度は邪魔になってしまった。タンスなら転用できるが、下駄箱は無理。泣く泣くリサイクルショップにたたき売った。

そうなるのが怖くて、絶対下駄箱は買わない、と頑張るのはOLのFさん。でも、そのおかげで欲しい靴があっても買うことができず、ストレスがたまるという。日本の賃貸は、今、転替期にある。礼金や保証人といった制度も変わりだしたし、住まいづくりの発想も変わりつつある。

変化している箇所が、収納スペース。新築される賃貸はクローゼットや下足入れをつくり付けるケースが多い。しかし、古い賃貸は押し入れ以外の収納がなく、賃借人が下駄箱を持ち込む必要がある。そのため、物件によって下駄箱が必要だったり、邪魔になったりしてしまうのだ。

◆賃貸での失敗談

大きな窓が西向きだった

家を借りるとき、日当たりが良く、明るいことを第一条件にする人が多い。多少古くてもよい。狭いのも我慢できる。でも、日当たりが悪く陰気な部屋は嫌だ、というわけだ。日本は高温多湿でカビが生えやすい。だから皆、日当たりの良い住まいを好む。これが、高温乾燥の地域、例えばアフリカ北部なら話が変わる。日当たりを避け、窓が小さく、暗い部屋が喜ばれることになる。

でも、日本では日当たり良好が一番。東京で初めて家を借りる男子大学生Jさんも、大きな窓のある部屋を見て喜んだ。残念ながら、その日は雨が降っていたため、どのくらい日が入るかは確認できなかった。が、これくらい窓が大きければ大丈夫だろう、と契約書に判を押した。

Jさんはここで重大なミスを犯した。「家は南向きに建つもの」と信じて、方位を確認しなかったことだ。東京の住宅密集地では、必ずしも家は南向きではない。東向きや北向きの家もある。Jさんの借りた部屋は、果たして西向きだった。西向きの窓でも赤外線をカットするＬｏｗ‐Ｅガラス（エコガラス）が入っていればいいが、賃貸ではまず入っていない。

Jさんの下見のときのように太陽が出ていないと、方位が確認できないため、不動産業者に確認する必要があったのだ。確認しなかったため、以後彼は夏の西日に悩まされることとなった。

間取り図で方位を見て、南向きの窓があることを確認して家を借りたのはサラリーマンKさん。転勤で借りた賃貸だったため、実物を見ずに契約。引っ越してみたら、南向きの窓は壁の高い位置にあった。日差しは入るが景色の見えない窓だ。どうして、下まで窓にしないのかと背伸びしてみると、窓の下は荒れた墓地だった。

間取り図では、窓の位置は分かっても、形状まで分からないことが多い。要注意である。

◆賃貸での失敗談

〝出る〟部屋は借りたくない

世の中には「安ければ、それが一番」と考える人がいる。多少の不都合や不安があっても、安ければ我慢できるという実利派である。

新宿区内の企業に就職し、大阪から出てきたSさんもそんな実利派の一人。通勤便利な場所の1LDKを家賃5万円以内で探したが、なかなか見つからない。オートロックのない木造アパートでもいい、1DKでもOKと、条件を下げていくと、一つだけ格安アパートが見つかった。

中野区内で風呂付きの1DK、家賃3万2000円。敷金2カ月分で礼金なしと好条件。早速、部屋を見に行くと築10年ほどで、想像以上にきれいだ。小さな庭があり、その庭に面した1階で、庭に出る窓が付く。日当たりもよい。

ただ一つ気になるのは、庭に出る窓の斜め上にお札が貼られていること。梵字が書かれてあり、意味は分からない。不動産仲介業者に聞くと、「火の用心じゃないですか」との答え。そのくらいいいかと即行で契約した。

ところが、住み始めるとすぐに妙なことが起こり始めた。目の端を何かがフッと横切る。「虫？」と確かめるが、何もいない。「もしかして……」と思ったが、そこは土性骨のすわった浪速女。「家賃が激安だから、お化けくらい出ても不思議ないわ」。

気にせずに暮らし続け、やがて冬になった。ある夜、コタツでうたた寝をしていたら、違和感で目が覚めた。あれっと見ると、左手首にひっかき傷ができている。引っかかるような物は何もないのに。

さすがの浪速女も背筋が寒くなり、引っ越しを決めた。これは特殊な例だが、多くの人は、部屋を見た瞬間、「嫌な感じ」や「いたたまれず、逃げ出したい印象」を受けると、はじめから契約しないもの。

びっくりするくらい安い家賃の賃貸は、要注意なのである。

◆賃貸での失敗談

古いオール電化は理不尽の塊

東日本大震災後の節電時には、「計画停電で全機能が停止する」と評価を下げたオール電化住宅。停電さえなければ、便利な面もあるのだが、それは最新型オール電化住宅の場合。賃貸住宅には、古くて使い勝手の悪いオール電化もあるので、注意が必要だ。

都内に住む20代後半のU夫妻が借りたオール電化賃貸も、そんなオールドタイプだった。しかし、生まれて初めてオール電化住宅に住む夫婦は、部屋を内見しても古いのか、最新式かの見極めがつかなかった。

キッチンにあるコンロが渦を巻いている形状だったが、「これがＩＨクッキングヒーターというものか」と思い込んでしまった。

ところが、これＩＨクッキングヒーターではなく、古くからある電熱式コンロと呼ばれるもの。渦を巻いている鉄部が赤く熱せられ、それで調理ができる方式だ。ＩＨクッキングヒーターに比べると火力が弱く、炒め物はほとんど無理。煮込む料理ばかりが続くことになってしまった。

また、古いオール電化マンションは、電気温水器の位置に注意しなければならない。今は、玄関の外やバルコニーなど外部に出すのが普通なのだが、かつては住戸内に入れるケースが多かったからだ。

一人暮らしで、自宅でデザインの仕事をする30代Ｃさんが借りたのも、そうしたタイプ。リビングの端に蒸気機関のような格好をした電気温水器があった。ただ、この機械、アナログメーターが付き、レトロな感じで見た目はよかった。

「温水器が気に入って、この部屋を借りたんです」とＣさん。ところが、レトロな温水器には問題があった。夜中にガンという大きな音を出して驚かす。そして、温水器自体が熱を出すため、夏は家の中が蒸し風呂状態になる。「でも、惚れた弱みで……」と、Ｃさんとレトロな温水器との同居は続いている。

◆賃貸での失敗談

お気楽ファッションでなめられた

この辺で、私の失敗談も披露しておこう。今でも反面教師として役立つ教訓が拾えると思うからだ。時は35年前。20代半ばのときに初めて賃貸住宅を借りた。当時の私はまだ住宅の取材は始めておらず、幅広くさまざまな取材をするフリーライターだった。そして、暑い季節に物件探しをしたので、短パンにTシャツ、サンダル履きで不動産店を回った。フリーライターといっても、不動産業者からすれば職業不詳の不審人物。それがみすぼらしい格好で来るのだから、「変なのが来ちゃったよ」と思われたに違いない。

不思議なもので、分譲マンションの販売センターにみすぼらしい格好で行っても「変な奴」にはならない。「こういうのが、案外お金を持っている」と思われるのだ。事実、洗いざらしのTシャツで来る人物が、親が資産家であり5000万円のマンションをポンとキャッシュで買ったりする。

しかし、賃貸の世界は、ダイレクトに見た目で判断される。おかげで、当時の私はろくでもない物件ばかり案内された。昼間でも薄暗く、窓が溶接されて開かないワンルーム、部屋の半分が押し入れになっている1DK……。

賃貸の不動産仲介業者は、仲介が専門で、何人もの大家を抱え、大家が持つ賃貸物件に入居者を斡旋する。その際、大家から「よい入居者を紹介してくれて、ありがとう」と言われるのが、誉れとなる。大家からお褒めの言葉をもらいたくて仕事をしているところがあるため、「変な奴」は紹介したくない。そうした事情から、B級、C級の客に紹介するのは、長い期間空室が続き、「もう、誰でもいいから、入居させて」と大家から泣きつかれている物件になる。

そのような業界の仕組みを知らなかった私は、どの不動産店に行ってもひたすら妙な部屋ばかり見せられた。やがて、どんなに暑くても黒い長ズボンに白い半袖シャツくらい着て行かなければマズイと悟った。不動産での最初の勉強だった。

◆賃貸での失敗談

正装しても、やっぱりなめられた

今から35年前、フリーライターだった私は家探しで苦労し続けていた。最初はTシャツに半ズボンだったが、見栄えも重要と、心機一転。暑い夏なのにスーツにネクタイ、黒い革靴で駅前の不動産店を回った。すると、「いらっしゃいませ」の声が弾む。が、その後の扱いは変わらずで、ロクでもない物件を見せられた。後に住宅の取材をするようになって分かったのだが、最初にひどい物件を見せるのは業界の常套手段、「脅し・試し・落とし」の第一歩なのである。

最初の「脅し」ではひどい物件を見せ、ハードルを下げる。その後、普通レベルの物件を見たとき、「素敵な家！」と思える下地をつくるわけだ。

次の「試し」で見せられるのも〝並以下〟。この「試し」で、どのくらいの家賃が出せるかを計り、本命の「落とし」物件に案内するのだ。

ところがスーツで汗だくになった私には、いつまでたっても「脅し」ばかり。どうも不安定な職業がネックになったらしい。

その点、同じライター仲間は幸運だった。親のコネで、短大の非常勤講師という肩書きを持っていたのだ。実際に授業を行ったのは半年程度しかなかったのだが、「とりあえず、非常勤講師です」と話すと、不動産仲介業者が目を輝かせた。「なんだ、大学の先生なんですか。早く言ってくださいよ」。業者はすぐに大家に電話をかけ、「大学の先生が借りてくれそうです。今からご案内します」。それで、お屋敷の離れになっている一軒家を借りることができたのである。

しかし、私に非常勤講師の肩書きはなかった。そこで、フリーライターでも大事にしてくれる不動産店を探すことにした。

親類、友人、友人の知り合い……。どうにか私を〝身内〟扱いしてくれる不動産仲介業者を見つけ、紹介されたのが、新築アパートの角部屋。正式に入居者を集める前のお値打ち物件だった。

◆賃貸での失敗談

高級車を断っても歩くべし

不動産業者は、もうかっていてもベンツに乗らない。「ベンツに乗るほどもうかっているなら、ボッてやろう」と思われるからだとされる。

現金で土地の売買をする業種だから、隙を見せるな、という戒めと思われる。この戒めを今もきちんと守っているのが、不動産業界。国産最高級車種に乗ってもベンツは買わない。今やたいして価格が変わらないのだが、相変わらず「ベンツはダメ」なのだ。

一方で、入手した高級国産車の威光をフルに活用するのも、不動産業者。賃貸物件探しでも同様である。

結婚後の新居を探していた20代のNさんと婚約者も高級車のワナにはまった。「アパートまで、この車で案内します」と、不動産仲介業者がドアを開けた車は、シルバーの高級国産車で、シートは黒い革張り。後部座席に座る二人の間にはエアコンの調整スイッチ付きの肘掛けがあった。

「ちょっと偉くなったみたいだな」「この車、買ってよ」「無理言うなよ」。二人は有頂天で、アパートまでの道順も上の空。その結果、駅から歩いて15分。実際には坂の上り下りが続くために20分はたっぷりかかるアパートを借りてしまった。

賃貸物件を見学するときは、駅からの道を一度は自分の足で歩くことが大切だ。実際に歩いて、失敗を免れた人もいる。

小さな子供と3人で家探しをするRさん一家で、やはり車で案内された。物件は気に入り、「では、帰りましょう」となったところで、不動産業者が車のドアを開ける。「いや、それは結構です」「暑いですよ。雨も降りそうだし」。車を勧める不動産業者を振り切り、3人で歩き出した。

駅に近づくと、車中からは見えなかった風景が目に入ってきた。ネオンが瞬き、あろうことか道ばたで寝ている人もいる。駅近くには歓楽街があり、不動産業者の車はその歓楽街を迂回して、物件まで案内していたのだった。

◆賃貸での失敗談

理不尽だから余計に腹が立つ

賃貸の失敗は退去時にも起きやすい。

短大入学時に一人暮らし用のマンションを借りた女子大生のWさん。2年後にめでたく卒業となり、就職も決まった。卒業後も住み続けてもいいな、と思っていた3月半ば、偶然、会社に近く家賃も手頃な物件が見つかった。それなら引っ越しだと不動産会社に連絡すると、担当者が驚いた。

「今からだと、1カ月後の4月半ばに退去となります。すると、3月末で発生する更新料を払っていただかないといけません」。

今度は、女子大生が驚いた。引っ越しは3月中に行う。更新する必要はないのに……。

しかし、入居時の契約では「1年おきに更新料（家賃1カ月分）を支払う」ことと「退去するときは、1カ月以上前に申し出る」ことが明記されていた。つまり、退去を申し出ても、実際に退去できるのは最短1カ月後から。それまでは契約が継続する。契約継続期間中に更新期がくれば、更新料を払わなければならないというわけだ。更新料をドブに捨てるのは惜しいとWさんは引っ越しを諦め、改めて「1年と11カ月目に必ず引っ越してやる」と心に誓ったのである。

退去時には敷金返還のトラブルも多い。引っ越しが終わり、空になった部屋を不動産会社が調べ、「このような計算になりました」と手紙が送られてくる。なかには、ちょうど敷金で精算されるような金額の清掃代や補修代が並ぶ明細書が入っている。つまり、敷金が戻ってこないわけだ。

これは腹が立つ。そのやり口に懲りた単身赴任サラリーマンFさんは、引っ越し時に妻子を呼び寄せ、徹底的に掃除をした。業者が使うような強力洗剤を使い、傷もできる限り補修。その結果、敷金は9割方戻ってきた。しかし、妻子を呼び寄せる交通費、宿泊代を計算すると、たいして得にはならなかった。

おわりに

私は住宅に絞り込んで取材を行う以前に、いろいろな分野の取材を行った。経済、医療、ファッション、そして料理のページを担当し、料理家の話を聞き続けた時期もあった。その経験から、「何も知らない分野でも、半年もどっぷり浸かっていれば、見通しがきくようになる」と思えるようになった。半年でいっぱしの口がきけるようになるわけだ。

ところが、不動産の世界は違った。半年間取材を続けても、「右も左も分からない」状況。3年たっても、分からなかった。不動産は世界が広い。住宅関連だけに絞っても、マンション、一戸建てがあり、新築と中古がある。自ら住む目的で家を探す人がいるし、投資目的で物件を探す人もいる。それぞれで、独自の知識が必要となる。

覚えなければならない法律も多い。建築基準法に消防法、区分所有法、行政区で異なる条例、さらに民法の一部も覚えておかなければならない。加えて、金融や税金に関する知識も求められるし、インテリア、設備機器の知識も必要。以前、ラジオで週1回のレギュラー枠を持っていたときは「浴室に最適な観葉植物は何？」という質問をもらったこともある。

住宅の専門家として看板を掲げようとすると、広範囲の知識が必要になるわけだ。だから、勉強の期間が長くなる。半年どころか、10年でようやく半人前。20年でようやく「何を聞かれてもどうにか大丈夫」な状態になった。とにかく時間がかかるのである。

『不動産の法則』は30年余りの時間をかけて、集大成した。その多くは、夕刊紙の「日刊ゲンダイ」に連載したものだが、本書のために書き下ろした理論もある。

法則のなかには、「これを知っておくと、住宅購入や住宅売却で失敗することはないのでは」と思えるものが少なくない。また、「今まで誰も言わなかった」という類いの法則も含まれる。それらが、多くの人に少しでも役立つことを願っている。

最後に、本書をまとめるに際してご尽力いただいたダイヤモンド社深川敏雄氏、前田早章氏、そして西亮子氏に感謝したい。3人の力がなければ、本書は世に出ることはなかったろう。

ありがとうございました。

櫻井幸雄（さくらい・ゆきお）

1954年生まれ。1984年から「週刊住宅情報」の記者となり、1999年『誠実な家を買え』（大村書店）以降、数多くの著書を記し、新聞・雑誌への寄稿、コメント等を精力的に行っている。「毎日新聞」「日刊ゲンダイ」「週刊住宅」「週刊ダイヤモンド住宅別冊」で住宅記事やコラムを連載。

また、2000年「梶原放送局」（文化放送）を皮切りに、テレビ・ラジオにも多く出演。「がっちりアカデミー」（TBS）のソントク先生の一人、「ヒルナンデス」（日本テレビ系列）の住宅コメンテーターとしてもおなじみ。

年間200件以上の物件取材を行い、首都圏だけでなく、近畿圏、中京圏、北海道、九州など全国の住宅事情にも精通。現場取材に裏打ちされた正確な市況分析、分かりやすい解説、文章の面白さに定評がある。

主著に『妻と夫のマンション学～50歳からの賢い購入術』（週刊住宅新聞社）、『儲かるリフォーム』（小学館）、『知らなきゃ損する！「21世紀マンション」の新常識』（講談社）、『資産価値を高めるマンション管理の鉄板事例48』（ダイヤモンド社）などがある。

不動産の法則

誰も言わなかった買い方、売り方の極意

2015年3月19日　第1刷発行

著　者　櫻井幸雄
発行所　ダイヤモンド社
〒150-8409　東京都渋谷区神宮前6-12-17
http://www.diamond.co.jp/
電話／03-5778-7235（編集）　03-5778-7240（販売）
装　丁　斉藤よしのぶ
イラスト　村松仁美
編集協力　西 亮子（ハーヴェスト）
製作進行　ダイヤモンド・グラフィック社
印刷・製本　ベクトル印刷
編集担当　前田早章

ISBN 978-4-478-06507-5